fitness gourmet

Fotografías de Yuki Sugiura

fitness gourmet

Recetas sanas y sabrosas para
mejorar el rendimiento deportivo

Christian Coates

5tintas

La edición original de esta obra ha sido publicada en el Reino
Unido en 2015 por Jacqui Small, sello editorial de Quarto
Group, con el título

Fitness Food

Traducción del inglés **Gemma Fors**

Fotografía de la cubierta **Yuki Sugiura**

Copyright © de la edición original, Jacqui Small LLP, 2015
Copyright © del texto, Christian Coates, 2015
Copyright © de la edición española, Cinco Tintas, S.L., 2018
Diagonal, 402 – 08037 Barcelona
www.cincotintas.com

Impreso en China
Depósito legal: B 21.729-2017
Código IBIC: WBT – WBA

ISBN 978-84-16407-38-5

Edición: Jacqui Small
Editora comisaria senior: Fritha Saunders
Directora de edición: Emma Heyworth-Dunn
Dirección de proyecto y edición: Nikki Sims
Dirección de diseño y artística: Lawrence Morton
Fotografía: Yuki Sugiura
Estilismo: Cynthia Inions
Corrección: Claire Wedderburn-Maxwell
Producción: Maeve Healy

Contenidos

Introducción

Llámelo momento de inspiración, pero de repente me di cuenta de lo genéricas y engañosas que pueden ser las dietas estándares. Cuando una persona sigue un régimen publicado en el periódico o en un libro «tradicional» de dieta, se le pide que siga una solución única para todos los usuarios. Estos planes de dieta ineficaces pueden empezar bien pero son poco realistas y, por lo tanto, insostenibles. Los usuarios suelen fracasar porque los resultados se estancan debido a la falta de variedad o al no poder adaptar la dieta a su estilo de vida. Mi experiencia es que, si algún día no podía realizar ejercicio físico o estaba de viaje, el programa me recomendaba que comiera determinadas cantidades, independientemente de lo que hiciera. Al final, la falta de flexibilidad me conducía a comer en exceso y no obtener los resultados perseguidos. El fracaso era inevitable.

Darme cuenta de ello fue lo que condujo a la creación de Soulmatefood. Quería ofrecer nutrición a medida y comidas sin complicaciones. No solo dirigida a la pérdida de peso sino también para dar respuesta a otras necesidades, como la vitalidad, el rendimiento deportivo, la energía y el aspecto, mediante ingredientes de calidad y recetas vistosas. Un programa de dieta debe ser sostenible y esto solo se consigue educando en cómo se come y en qué se come: hablar del control de las raciones, la frecuencia de las comidas, aprender qué hidratos de carbono nos convienen, qué alimentos son ricos en proteínas, qué grasas son las mejores y elegir alimentos que contengan nutrientes poderosos.

Después de trabajar con clientes que van desde novatos de la nutrición hasta atletas profesionales, comprendí que debía diseñar un concepto que ofreciera valores que funcionaran a todos los niveles. Un programa que fuera increíblemente simple y básico o tan personalizado (o preciso) como

fuera necesario para conseguir resultados físicos. Así nació *Fitness gourmet*.

Las recetas del libro pretenden desterrar la mala concepción de que la comida sana debe ser tediosa, insípida y aburrida. El equipo Soulmatefood y yo somos realistas; no somos personas que no han comido hidratos de carbono desde los 16 años. Nos apasionan los sabores, los aromas y los colores, y disfrutamos creando versiones saludables de platos tradicionalmente considerados caprichos o malos para la salud. Cada receta cumple el propósito, lo cual ya es la mitad del éxito, de cubrir los niveles de hidratos de carbono y proteínas adecuados para cada una de las tres categorías. El presente libro ha sido confeccionado con nutricionistas y chefs de categoría con los que hemos tenido la suerte de colaborar. Me complace proporcionar tal grado de conocimientos nutricionales y calidad de recetas para su hogar.

Ya puede despedirse de la obsesión del recuento de calorías, nuestro programa se basa en el control de las raciones, la calidad de los ingredientes y la proporción de proteínas e hidratos de carbono. El plan es fácil de seguir y las comidas se pueden disfrutar en solitario, con la pareja (que puede tener un objetivo bien distinto), con la familia e incluso con toda la oficina, el equipo deportivo o el grupo de amigos.

Espero que goce creando su propia dieta y su código, para lo cual encontrará en el libro multitud de ejemplos que le servirán de inspiración. Y no solo eso, estoy seguro de que se sentirá motivado para meterse en la cocina y empezar a experimentar con ingredientes, técnicas de cocción y sabores que normalmente no se consideran de «régimen».

¿Qué es el código dietético?

El código dietético es una manera simple y directa de conseguir sus objetivos de nutrición y forma física. Puede adaptarse a cualquier objetivo y nivel de forma física y entreno, desde principiantes hasta atletas profesionales. Existen tres niveles básicos –Quemar, Mantener y Desarrollar–, cada uno con su símbolo.

No es necesario descodificar

El código dietético es una manera de elegir a simple vista los platos que le irán bien porque combinan con su nivel de ejercicio y actividad física. Cada comida presenta una variación que se indica con los símbolos de Quemar, Mantener y Desarrollar. De modo que si desea cocinar, por ejemplo, Filete con ensalada de endibia y salsifíes fritos (p. 183), solo debe buscar en la página el símbolo que le interese y cocinar aquella receta. En este ejemplo, la receta para Mantener es la que se describe; para Quemar, se sustituyen los salsifíes por apio nabo; y para Desarrollar se añade una guarnición de maíz al vapor. Así de sencillo.

La manera más fácil y simple de alcanzar los objetivos de la página siguiente consiste en seguir las indicaciones para su símbolo elegido en cada receta. Un enfoque simple que da buenos resultados.

Los deportistas de nivel intermedio y aficionados pueden optar por una solución intermedia: variar platos con distinta codificación, según sea el nivel de entreno o la actividad del día. Así, por ejemplo, si sabe que el martes acude a clase de gimnasia, tome el lunes una receta para Desarrollar, y de este modo se preparará y rendirá al máximo. Por lo tanto, se pueden personalizar los menús diarios.

Los atletas de nivel y los profesionales pueden modificar el programa comida a comida. Maximice el rendimiento acumulando energía antes de la actividad y favorezca luego la recuperación. Varíe las opciones para obtener resultados a su medida.

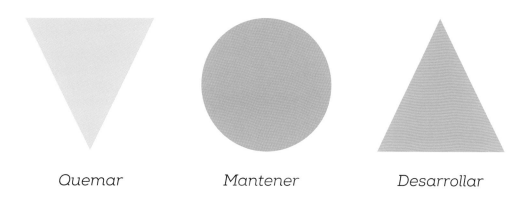

Quemar   Mantener   Desarrollar

¿Cuál es su código dietético?

Para conocer la variación dietética adecuada para usted, consulte las listas que se muestran a continuación para decidir la que se adapta mejor a sus objetivos.

Deseo:
▽ Perder grasa corporal pero mantener el músculo.
▽ Quemar más grasa.
▽ Reducir problemas de salud asociados con el sobrepeso y la obesidad.
▽ Tonificar.

Deseo:
○ Mantener mi peso actual.
○ Seguir una dieta sostenible y saludable.
○ Mantener mi organismo en buena forma física.

Deseo:
△ Aumentar músculo y potencia para la resistencia.
△ Alimentar el cuerpo para el deporte y favorecer la recuperación.
△ Aumentar las reservas de glucógeno de mi organismo (reservas de energía, véase la p. 17).

Todas las variaciones incluyen estos otros beneficios:
→ Mejor regulación de los niveles de azúcar en sangre.
→ Sensación de satisfacción después de comer (aumento de la saciedad).
→ Alimentación con ingredientes repletos de nutrientes.
→ Aumento del nivel de energía y el bienestar.
→ Mejora de los niveles de concentración y atención.

Lo mejor en flexibilidad

Las recetas del presente libro pueden adaptarse a cada caso. Ya no tendrá que preocuparse a causa de su dieta cuando tenga invitados. Puede disfrutar de los mismos platos que su pareja, sus amigos y su familia simplemente modificando algunos ingredientes; aunque ellos persigan un objetivo completamente distinto, pueden disfrutar igualmente de comidas similares.

Además de cambiar los ingredientes en los platos, el código puede cambiar si su cuerpo empieza a cambiar y nota los beneficios de seguir un código durante un tiempo. Su código dietético es personal, no es un único enfoque para todos, de modo que puede ser diferente si usted cambia, si aumenta o se encoge, si está más o menos activo, así podrá mantenerse en línea con su objetivo. Por ejemplo, si alcanza su peso ideal, puede pasar del código para Quemar al código para Mantener; si ha conseguido suficiente musculatura, entonces pase de Desarrollar a Mantener o incluso Quemar, si pretende reducir grasa corporal.

Para ver un ejemplo de la combinación de los códigos dietéticos con la actividad, tanto si es usted jugador de fútbol, como si practica Pilates o es ciclista, eche una ojeada a las Dietas para objetivos específicos (pp. 43-59), donde hallará una tabla visual del tipo de platos que tiene que comer a lo largo de una semana.

Las recetas son para todos

Los productos lácteos han pasado a tener mala reputación en los medios de comunicación estos últimos años, en gran parte debido a la noción de que somos la única especie que los consume pasada la primera infancia, además de que somos también la única especie que consume productos lácteos de otros animales. Se ha dicho que no hemos evolucionado para poder digerir la lactosa de la leche, ya que perdemos esta capacidad pasada la infancia (cuando ya no deberíamos tomar leche, diseñada como alimento para los primeros años de vida) con el fin de favorecer el crecimiento y fortalecer el sistema inmunitario. No obstante, solo un pequeño porcentaje de europeos occidentales carecen de la enzima lactosa (menos del 10 por ciento), de modo que la mayoría de nosotros podemos tomar y digerir lácteos sin problema.

Además, no existen investigaciones científicas que indiquen efectos negativos para la salud causados por un consumo moderado de lácteos. Al contrario, muchos estudios subrayan sus beneficios para la salud. No obstante, si sufre usted intolerancia a la lactosa, evitar los productos lácteos es su primer objetivo dietético. Si sufre intolerancia u opta por evitar los lácteos, simplemente cambie los ingredientes lácteos por alternativas vegetales y prepare estas deliciosas recetas sin lactosa.

La proporción 80:20

En Soulmatefood comprendemos la importancia de darse un capricho de vez en cuando con el fin de poder mantener los objetivos marcados. Salirse de la dieta puede ser una buena táctica para no abandonar. Aunque todas las recetas para Quemar se han diseñado para ofrecer calidad nutricional y sabor, somos conscientes de que restringir las opciones a una variación concreta puede resultar monótono. Programar una «comida premio» puede servir para continuar adelante al saber que uno puede darse un capricho.

Para ayudarle a encajar su «comida premio», el libro contempla la regla 80:20, de modo que se permite disfrutar de las recetas del código para Quemar un 80 por ciento del tiempo y darse un capricho con una variación del código Mantener o Desarrollar de vez en cuando, ¡sin sentirse culpable! Si una opción está disponible como 80:20, la variación lo indicará.

¿Qué significan los diferentes códigos?

Existen tres códigos y cada uno está diseñado para ayudarle a conseguir sus objetivos particulares. He aquí un resumen de lo que cada código ofrece y cómo funciona.

Quemar Este código se basa en la restricción del consumo de hidratos de carbono; pero observe que se trata de una categoría «baja en carbohidratos», no «libre de carbohidratos». El principio general para Quemar es que, cuando se ingieren menos hidratos de carbono, el organismo recurre a otras fuentes de energía, como la grasa, de forma que disminuye el nivel de grasa corporal.

Mantener Este código se basa en el equilibrio entre los niveles de carbohidratos y los de proteínas. Establecer y mantener un equilibrio entre ambos puede afectar a la manera en que el cuerpo conserva su buena forma.

Desarrollar Al aumentar la cantidad de hidratos de carbono en las comidas, este código alimenta el organismo aumentando las reservas de energía: una parte esencial del rendimiento atlético y la recuperación. Este aumento de calorías, acompañado del aumento de proteínas, también favorece el crecimiento muscular y el cambio de la composición corporal.

Para más información sobre los diferentes tipos de alimentos, véase Los conceptos básicos (p. 14).

Siga disfrutando de las mismas comidas que su pareja, sus amigos o su familia simplemente modificando algunos ingredientes; aunque su objetivo sea completamente distinto, podrán comer casi lo mismo juntos.

Quemar presenta una proporción de proteínas y carbohidratos de 2:1

Mantener presenta una proporción de proteínas y carbohidratos de 1:1

Desarrollar presenta una proporción de proteínas y carbohidratos de 1:2

Una receta, tres posibilidades

Es fácil comer de forma saludable y gozar de salud y bienestar con nuestra selección de deliciosas recetas. No contienen ingredientes especiales ni alimentos con nombres raros, todos los ingredientes se encuentran con facilidad, y son frescos y apetitosos.

Comer los platos de Soulmatefood significa disponer de la posibilidad de elegir entre tres versiones de cada receta. Esta personalización permite optar por Quemar, si desea perder algunos kilos, Desarrollar, si pretende aumentar la masa muscular, o Mantener, si pretende gozar de salud y vitalidad a diario. Puede elegir la variación según su objetivo en cada momento. Es más, el cocinero de la familia podrá servir a varias personas con distintas necesidades sin cocinar tres platos diferentes.

Tome una receta: vea cómo funciona
En este ejemplo vamos a explicar las tres variaciones de la Ensalada superverde de mango y granada (p. 180).

Mantener La quinoa es un superalimento que aporta carbohidratos. No solo posee un índice glucémico muy bajo (que proporciona una forma de energía de liberación lenta), sino que además contiene proteínas y diversos aminoácidos (los bloques de construcción de la vida), que suelen encontrarse en la proteína animal. Este plato rico en nutrientes contiene tres raciones de fruta y verduras, que aportan una gran cantidad de vitaminas, minerales y antioxidantes que favorecen el sistema inmunitario y la función metabólica, además de combatir los radicales libres (las moléculas reactivas que causan daños a las células y las moléculas de su alrededor).

Quemar Sustituya la quinoa por hojas verdes. Aunque la quinoa libera su energía de forma lenta, sigue siendo un hidrato de carbono calórico de modo que no colabora en la pérdida de peso ni en la reducción de grasa corporal. Al sustituir la quinoa por hojas de ensalada, se reducen drásticamente las calorías, mientras que se mantienen las raciones y la densidad de nutrientes. No le parecerá que falte nada.

Desarrollar Añada garbanzos y frutos secos. Para sumar una nueva dimensión al plato y aportar energía para el entreno y el desarrollo muscular, se incorporan más carbohidratos en forma de garbanzos. Incremente las grasas saludables y el nivel de calorías con unos anacardos o unos piñones que darán un sabroso toque crujiente a la receta.

Cada receta ofrece tres variaciones:

Quemar Baja en grasas, muy baja en carbohidratos y alta en proteínas (para controlar el peso y reducir la grasa corporal).

Mantener Contenido bajo en grasas y bajo en carbohidratos (para gestionar su peso y gozar de vitalidad).

Desarrollar Alta o moderada en proteínas y alta en carbohidratos (para desarrollar músculos magros antes o después del ejercicio físico y para entrenar la resistencia).

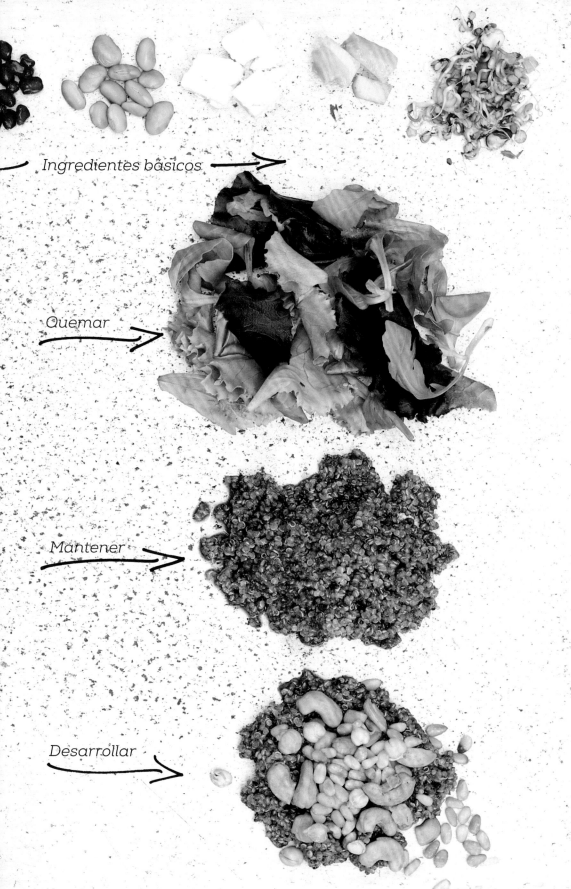

Ingredientes básicos

Quemar

Mantener

Desarrollar

Domine los conceptos básicos

Comprender los conceptos básicos de nutrición equivale a dar el primer paso hacia el cambio y la mejora de los hábitos alimentarios.

Las necesidades nutricionales varían de una persona a otra en función de multitud de factores (como la altura, el peso, el metabolismo, el nivel de actividad, la edad y el sexo), de modo que cuando descubra en qué consiste la esencia de la nutrición (macronutrientes y micronutrientes, explicados con detalle más adelante) ya puede relajarse porque Soulmatefood ya ha hecho el trabajo difícil.

Todas las recetas del presente libro y sus variaciones han sido aprobadas por nuestro equipo de nutrición, de manera que proporcionan todos los componentes que el organismo precisa para mantenerse sano. No es necesario tomar suplementos ni realizar cambios radicales en su dieta. Veamos ahora qué significa seguir una dieta saludable, variada y nutricionalmente completa.

Hablemos de nutrición

Los nutricionistas hablan de macronutrientes y micronutrientes, pero, ¿qué son exactamente? Cuando hablamos de macronutrientes, nos referimos a los conjuntos de alimentos que aportan proteínas, grasas, hidratos de carbono y alcohol (que se incluye como un tipo por sí solo, ya que es muy calórico). Los micronutrientes, por su parte, son todas las vitaminas y minerales contenidos en los alimentos que son importantes para el funcionamiento, el mantenimiento y la reparación de nuestro organismo. Entonces, ¿cuáles son los tipos de macronutrientes y por qué son importantes?

Proteínas: bloques de construcción

Las proteínas son el segundo compuesto más abundante en el organismo, después del agua. Desarrollan, mantienen y reparan los músculos, los órganos y el sistema inmunitario. Las proteínas que ingerimos con los alimentos se descomponen en los aminoácidos y luego se recomponen en forma de moléculas proteínicas especializadas en el lugar y el momento en que el organismo las precisa. Las células del cuerpo se hallan en un equilibrio de degradación y regeneración constante, y la disponibilidad de aminoácidos es esencial para este proceso. ¿Qué alimentos aportan proteínas? Existen dos tipos de fuentes de proteína:

Proteína de origen animal: carnes (pollo, pavo, ternera, cerdo, cordero), pescado, huevos y productos lácteos.

Proteína de origen vegetal: legumbres, cereales, frutos secos y semillas.

Las proteínas se componen de piezas llamadas aminoácidos. Existen veinte aminoácidos y nuestro organismo es capaz de producir once de ellos (aminoácidos no esenciales) pero debemos obtener los otros nueve (esenciales) a partir de los alimentos que comemos. Las proteínas animales contienen todo el espectro de aminoácidos esenciales, mientras que las de origen vegetal suelen contener solo un pequeño número. Por lo tanto, si es usted vegetariano o vegano es crucial que tome proteínas vegetales de fuentes diversas.

Cuando se toman alimentos ricos en proteínas, es habitual sentirse más lleno durante más tiempo, lo cual ayuda a minimizar la sensación de hambre.

CÓMO PRODUCE MÚSCULO EL ORGANISMO

Hablemos del crecimiento y la reparación muscular. Aquí, la leucina es el aminoácido rey, también conocida como «desencadenante anabólico». La leucina es necesaria para iniciar la síntesis de proteínas. Cuando se ingiere una fuente de proteínas rica en leucina, se activa un receptor llamado mTOR (imagine que es como una protección de los músculos que los aminoácidos deben atravesar) que permite que pasen los aminoácidos, de modo que aumenta la síntesis proteica. Si el contenido de leucina de la sangre es bajo, el mTOR mantiene la vía cerrada. Entonces, como veremos más adelante (véase Comer para desarrollar el cuerpo, p. 50, o Comer para fortalecer, p. 53), comer el tipo adecuado de proteínas, uno alto en leucina, es la clave para producir proteínas para muscular.

Carbohidratos: ¿amigo o enemigo?

Los carbohidratos (o hidratos de carbono) proporcionan al organismo una fuente de energía. A diferencia de las proteínas y las grasas, el cuerpo no necesita carbohidratos, pero tomarlos de forma correcta y con moderación le facilitará la vida. Los carbohidratos se utilizan como carburante durante el ejercicio físico, son la fuente por defecto de carburante para el cerebro y son la forma de energía «más económica», la que requiere menor grado de conversión.

    ¿Qué tipos de alimentos aportan hidratos de carbono? Existen dos grupos principales de carbohidratos en los alimentos, conocidos como simples y complejos:

Carbohidratos simples: son los azúcares, como la glucosa (el azúcar más simple), la fructosa (presente en la fruta), la sacarosa (como el azúcar refinado) y la lactosa (presente en los productos lácteos).

Carbohidratos complejos: también conocidos como almidones, se hallan en los plátanos, la cebada, las alubias, los panes, los cereales, los garbanzos, la harina, las lentejas, los frutos secos, la avena, la pasta, las patatas, los tubérculos, el maíz y el ñame. (Cuando sea posible, para obtener la mejor nutrición, las versiones sin refinar de los alimentos como cereales, harinas y arroz deben ser consumidas en lugar de las versiones blancas refinadas.)

¿Qué es el IG? Es posible que haya escuchado el término «IG» en relación con los hidratos de carbono. «IG» significa 'índice glucémico', que es una manera de clasificar los alimentos que contienen carbohidratos según su efecto global en los niveles de glucosa de la sangre. Un índice glucémico bajo significa que el alimento se absorbe lentamente en el intestino y puede liberar su energía en un período de tiempo prolongado: también sacia durante más tiempo, especialmente si se opta por versiones integrales. Los alimentos con IG elevado se absorben rápidamente y se disipan rápidamente, lo cual provoca grandes oscilaciones del nivel de azúcar en sangre e implica que se eligen alimentos ricos en azúcares y uno se siente cansado y malhumorado. Los azúcares poseen un IG alto, por lo que conviene optar por carbohidratos complejos de IG bajo (véase la p. 39), como un desayuno a base de avena, por ejemplo, la Copa de barrita de avena con miel especiada (p. 69) o la Crema de yogur con tarta de queso y fresas (p. 71). Muchos de los hidratos de carbono de las recetas de este libro son complejos, e incluyen muchos vegetales y cereales integrales. Tome tentempiés ricos en carbohidratos, como las Barritas de anacardos y limón (p. 112) o la Salsa de hierbas y edamame con galletas de alforfón (p. 107) para disponer de energía para el ejercicio o el entreno, y para ayudar al organismo a recuperarse después.

Al ingerir hidratos de carbono, el organismo los descompone en glucosa, un azúcar simple, que se utiliza como fuente de energía para el cerebro y los músculos durante el ejercicio físico.

Cómo emplea los carbohidratos nuestro organismo

El proceso de consumir hidratos de carbono y convertirlos en energía (para utilizarlos inmediatamente o almacenarlos para más adelante) es complicado. Al comer hidratos de carbono –simples o complejos– el organismo los descompone en glucosa, un azúcar simple, que se utiliza como fuente de energía para el cerebro y los músculos durante el ejercicio físico. Cuando los niveles de azúcar en sangre aumentan, un órgano digestivo llamado páncreas libera insulina, que controla el nivel de glucosa en sangre y permite que pase del torrente sanguíneo a las células del organismo.

Si toma usted una comida rica en hidratos de carbono, los niveles de azúcar en sangre aumentan rápidamente y provocan un aumento del nivel de insulina, cosa que indica a las células que tomen glucosa del torrente sanguíneo para utilizarla como energía; si hay glucosa en abundancia, la insulina también incita al hígado y los músculos a almacenarla en forma de glucógeno, tras un proceso denominado glucogénesis. A la inversa, cuando los niveles de azúcar en sangre son bajos, una enzima llamada glucagón libera glucosa de las reservas de glucógeno del hígado a través del proceso de glucogenólisis, y a su vez se elevan los niveles de azúcar en sangre a niveles funcionales. Cabe destacar que los músculos no poseen la capacidad de convertir el glucógeno en glucosa excepto para generar su propio ejercicio; la glucosa liberada para el ejercicio físico no se libera al torrente sanguíneo a disposición del resto del organismo ni de otros músculos.

EL PROVEEDOR DE FIBRA

La fibra es esencial en cualquier dieta. Procede de la parte indigerible de las plantas y es una de las principales razones por las que hay que procurar una buena ingesta de fruta y verduras. La fibra es un término que engloba dos variedades: la fibra soluble y la insoluble. Como podrá adivinar, la fibra soluble se disuelve en agua de modo que tiende a reducir la velocidad del movimiento de los alimentos a través del sistema digestivo. La fibra insoluble, por el contrario, no se disuelve con agua y ayuda a los alimentos al pasar por los intestinos. Los dos tipos de fibra poseen efectos diferentes en el organismo y los alimentos que pasan por él.

La fibra soluble puede

→ reducir el colesterol LDL (lipoproteínas de baja densidad)

→ absorber agua para formar un gel en el estómago, ralentizar la digestión y la absorción de glucosa y por ende ayudar a controlar los niveles de azúcar en sangre y de insulina

La fibra insoluble puede

→ regular el azúcar en sangre

→ favorecer el movimiento de los alimentos a través de los intestinos, y reducir así las probabilidades de estreñimiento

→ dar cuerpo a las deposiciones

Ambas formas de fibra pueden aumentar el volumen de una comida sin añadir calorías: se sentirá usted más lleno durante más tiempo, de modo que facilitan el comer menos.

Grasas: esenciales para la vida

Resulta fácil pensar que las grasas son malas, pero no todas son iguales. El organismo necesita cierta cantidad de grasa. Cada célula del cuerpo posee una doble capa de grasa en la membrana exterior y se precisa de un suministro adecuado en la dieta para mantenerla y formar más células. Muchas fibras nerviosas del cerebro y el cuerpo presentan un recubrimiento graso para dar velocidad a las señales nerviosas; la grasa es vital para un cuerpo sano capaz de moverse.

Además de ser una fuente alternativa de energía (la grasa es, de hecho, la fuente más rica de energía, véase la p. 20), la grasa protege los órganos del cuerpo, ayuda a mantener la temperatura, favorece la absorción y el transporte de determinadas vitaminas (A, D, E y K) y ayuda a controlar las reacciones químicas del organismo.

Del mismo modo que las proteínas están formadas por aminoácidos (véase la p. 14), la grasa también está formada por ácidos grasos. Algunos de estos ácidos grasos desempeñan funciones vitales para el organismo, pero no podemos fabricarlos, de modo que hemos de obtenerlos de los alimentos. Estos ácidos grasos esenciales incluyen el omega 3 y el omega 6.

¿Qué es lo que convierte en buena o mala una grasa? No se trata de la cantidad que se ingiera (aunque, claro, esto también importa) sino del tipo de grasa que se consuma. Las grasas pueden ser:

Insaturadas (monoinsaturadas o poliinsaturadas): se hallan en el aceite de girasol, de colza, de oliva y vegetales, y en las mantecas elaboradas con estos aceites (pero no las hidrogenadas), aguacates, frutos secos y semillas, y pescado azul (caballa, trucha y salmón).

Saturadas: se encuentran en carnes y productos cárnicos grasos, productos lácteos (mantequilla, queso, nata), bollería, pasteles y galletas, chocolate, aceite de coco y de palma.

Es fácil poner todas las grasas saturadas en el mismo saco pero, en realidad, no todas son malas. Las grasas saturadas están formadas por diversos ácidos grasos que desempeñan papeles distintos en el organismo. El cuerpo necesita cierta cantidad de grasa saturada cada día; no obstante, conviene obtenerla de grasas animales y aceites, en lugar de productos procesados como bollería y galletas.

Los organismos sanos funcionan mejor cuando la mayor parte de la grasa dietética procede de fuentes insaturadas, por lo que es aconsejable incluirlas en cantidad en la cocina y en la alimentación diarias. Más adelante verá en el apartado de recetas que se emplea aceite de coco en muchas de ellas, y se trata de una grasa saturada. El aceite de coco tolera bien el calor, por lo que es ideal para freír. Muchos aceites con baja tolerancia al calor cambian la estructura de sus ácidos grasos al calentarse, de forma que se convierten en ácidos grasos trans «malos». No obstante, esto no ocurre con el aceite de coco, ya que los ácidos grasos saturados son resistentes al calor. Otra razón por la que el aceite de coco debería encontrarse en todas las cocinas es que resulta beneficioso para el corazón. Aunque sea rico en grasas saturadas, las grasas saturadas que contiene (principalmente ácido láurico) en realidad ayudan a reducir el colesterol y la tensión arterial alta.

Nota sobre el alcohol

Como verá en la página 20, el alcohol posee más calorías por gramo que las proteínas o los carbohidratos. Dicho esto, no posee ningún tipo de valor nutricional. Una o dos cervezas a la semana o un par de copas de vino cada dos semanas no van a tener demasiado efecto en una dieta sana ni en el código dietético, pero como es tan calórico, hay que ser consciente de su consumo y tenerlo en cuenta.

El organismo quema las calorías del alcohol antes de empezar a quemar grasa, de modo que si sigue la dieta para Quemar, tomar alcohol retrasará el logro de sus objetivos.

Beber mucho alcohol puede tener un impacto negativo en la reacción del cuerpo al día siguiente en cuanto a la recuperación del ejercicio físico, la adaptación al ejercicio, la regulación del nivel de azúcar en sangre y la intensidad de entreno de la que uno es capaz. Por eso, antes de salir una noche, piense no solo en cómo afectará la bebida a su recuento de calorías, sino también en el caos que reinará en su organismo al día siguiente.

TRUCOS PARA BEBER MENOS AL SALIR

Intentar no beber alcohol o no demasiado cuando se sale con los amigos de noche o al cenar fuera puede ser difícil por la presión que uno siente. Pero es bueno limitar su consumo, el cuerpo lo agradecerá: piense que ello le acerca a sus objetivos. He aquí algunos consejos para controlar la ingesta de alcohol.

→ Coma alimentos sustanciosos antes de salir, ya que se bebe menos si uno se siente lleno.

→ Tome la versión «virgen» de un cóctel u otras bebidas alcohólicas.

→ Opte por combinados con refrescos bajos en calorías, en lugar de vino, cerveza y sidras, ya que estos contienen menos calorías y sustancias adicionales como sulfitos (que contribuyen al dolor de cabeza al día siguiente) –dicho lo cual, evidentemente, ¡bébalos con moderación!

→ Alterne una bebida alcohólica con otra sin alcohol.

VINO ESPUMOSO
100 ml = 74 kcal

GIN-TONIC
normal = 120 kcal
doble = 175 kcal

VINO TINTO
175 ml = 128 kcal
250 ml = 170 kcal

VINO BLANCO
175 ml = 129 kcal
250 ml = 171 kcal

CERVEZA
½ pinta = 82 kcal
1 pinta = 164 kcal

SIDRA
½ pinta = 119 kcal
1 pinta = 238 kcal

VINO ROSADO
175 ml = 133 kcal
250 ml = 178 kcal

TODOS NECESITAMOS ENERGÍA

Como hemos visto antes, podemos obtener energía de diferentes alimentos y bebidas. Todos necesitamos energía para seguir funcionando, para crecer, seguir activos y mantener la temperatura corporal; la energía es vital para la vida misma. Los diferentes alimentos y bebidas nos proporcionan diferentes cantidades de energía; esta cantidad de energía se mide en unidades de kilocalorías (a menudo llamadas simplemente calorías) o kilojulios. He aquí los cuatro macronutrientes y su capacidad de aporte energético.

Grasas 9 kcal por gramo

Alcohol 7 kcal por gramo

Proteínas 4 kcal por gramo

Carbohidratos 4 kcal por gramo

¿Qué son los micronutrientes?

El término se refiere a una amplia lista de vitaminas y minerales. Los micronutrientes son esenciales para un organismo sano, pero solo los precisamos en pequeñas cantidades («micro» significa 'pequeño' en griego). Las vitaminas y minerales desempeñan un papel crucial en el crecimiento y el desarrollo saludables, son factores esenciales para el metabolismo y el equilibrio energético, y tienen un papel vital en la regulación y activación de otros micronutrientes. La carencia de un mineral o una vitamina determinados puede generar cansancio, falta de concentración o malestar.

Los micronutrientes pueden considerarse el cemento que une los bloques de construcción de los macronutrientes; se puede construir un muro, pero se derrumba con facilidad si no se usa cemento, y lo mismo ocurre en nuestro organismo. Se puede ofrecer un aspecto musculoso por fuera, pero por dentro tener el organismo maltrecho si le faltan vitaminas y minerales.

Minerales: incluyen el calcio, hierro, magnesio, potasio, sodio y cinc.

Vitaminas: la mayoría se expresan con una letra y a veces una letra y un número, como la A, B, C, D, E y K.

Si sigue una dieta variada, debería obtener fácilmente la cantidad recomendada de vitaminas y minerales. Si su dieta es demasiado limitada, fácilmente podría ser deficitaria.

Cómo produce energía el organismo

Cada persona necesita una cantidad de energía diferente: depende de la tasa metabólica basal (TMB), que indica la cantidad de energía que el cuerpo utiliza para mantener sus funciones básicas, como la respiratoria y la cardíaca, pero no tiene en cuenta ninguna otra actividad. La TMB de cada persona es distinta porque se ve afectada por multitud de factores: estatura, peso, edad, sexo, masa muscular y grasa corporal. Según las directrices relativas al consumo de calorías, las recomendaciones son generalizadas y apuntan que los hombres deberían obtener 2.500 kcal al día y las mujeres 2.000 kcal. No obstante, estas cifras son probablemente incorrectas para las necesidades de la mayoría de personas, de modo que hay que contemplarlas con precaución.

Algunas actividades precisan más energía que otras. Cuanto más activo sea usted, más energía emplea su cuerpo. Por ejemplo, si un día quema 450 kcal con ejercicio físico, camina para ir al trabajo (y quema 150 kcal) y quema otras 300 kcal yendo de un sitio a otro, deberá añadir 900 calorías al gasto energético necesario dada su TMB. Ser físicamente activo también aumenta la masa muscular y esto significa que se necesita más energía en todo momento, incluso cuando se está sentado en el sofá. Las personas con peso similar pero mayor porcentaje de grasa corporal suelen presentar una menor TMB que las personas con menor porcentaje de grasa corporal ya que los músculos poseen un nivel de actividad metabólica mayor que la grasa.

Aclaración de términos: la ciencia, explicada

A lo largo del presente libro, es posible que dé con algunos términos científicos que posiblemente no haya escuchado antes. En esta página encontrará su explicación.

CG: la carga glucémica indica el efecto del índice glucémico del contenido en hidratos de carbono en una comida, de modo que es una medida más relevante que el IG para planificar las comidas. Por ejemplo, la sandía presenta un valor de IG elevado de 72. Pero como solo contiene 5 g de carbohidratos por cada 100 g, la CG es solo de 3,6 por cada ración de 100 g, lo cual sería menor que una ración del mismo tamaño de arroz integral.

Colesterol HDL: también conocido como colesterol «bueno», es una lipoproteína de alta densidad que mantiene la salud de los vasos sanguíneos limpiando y retirando el colesterol LDL y transportándolo al hígado para su reciclaje.

Colesterol LDL: también conocido como colesterol «malo», esta lipoproteína de alta densidad contribuye a un mayor riesgo de ataques al corazón e ictus. Este tipo de colesterol se acumula en las paredes de los vasos sanguíneos, y aumenta las probabilidades de obstrucción y coágulos.

DMO: se refiere a la densidad mineral ósea; cuanto menor sea, mayor es el riesgo de problemas de salud relacionados con los huesos.

Electrolitos: estas sales minerales son muy importantes para el buen funcionamiento del cerebro, los nervios, el corazón y los músculos, ya que llevan señales eléctricas a través de las membranas. Los diferentes electrolitos (sodio, potasio, calcio y magnesio) desempeñan papeles distintos en el organismo.

Equilibrio energético: la cantidad de calorías que se consume frente a la cantidad que se quema. Un equilibrio positivo indica que se consumen más calorías de las que se queman; un equilibrio negativo significa que se ingieren menos calorías de las que se queman.

Estado de hidratación: es el término técnico para indicar si una persona está bien hidratada o no (véase la p. 22).

Gasto cardíaco: es el volumen de sangre eyectado por el corazón por minuto.

Glucógeno: después de una comida a base de carbohidratos, es muy probable que exista más glucosa de la que el cuerpo necesita como energía. Este exceso se almacena en los músculos y en el hígado en forma de glucógeno (como si se tratara de un banco de energía, donde se reserva para otro momento). Un adulto medio puede almacenar unos 500 g de glucógeno, que aportan suficiente energía para 90 minutos de carrera o actividad de resistencia; pasado este tiempo, se necesita más glucosa en forma de plátanos, geles energéticos y otros tentempiés.

IG: es el índice glucémico, una medida que indica con qué rapidez un ingrediente aumenta los niveles de glucosa en sangre; el índice va de 0 a 100, de modo que los valores bajos de IG se expresan con los números bajos y los valores altos de IG se expresan con los números más cercanos a 100. Muchas personas hablan del IG (véase también la p. 16), pero nos parece un indicador más útil para el control del azúcar en sangre la carga glucémica (CG).

Insulina: es la hormona encargada de reducir el nivel de azúcar en sangre al permitir que las células absorban glucosa para obtener energía, fomentar que músculos e hígado almacenen la glucosa en forma de glucógeno y las células lipídicas adquieran grasa.

Malestar GI: el malestar gastrointestinal es una manera de expresar el dolor de estómago. Es una sensación de mareo que se produce después de ingerir un alimento determinado o demasiada cantidad de un alimento determinado.

Osteopenia: es una densidad mineral ósea menor a la normal (véase DMO, más arriba), no lo bastante baja para clasificarla como osteoporosis: es como un aviso de que hay que mejorar la fortaleza ósea para evitar la osteoporosis. Esta afección es más frecuente en mujeres postmenopáusicas (debido a un descenso de los niveles de estrógeno), personas con una dieta pobre, mujeres atletas y personas que apenas realizan ejercicios con pesas.

Osteoporosis: es la progresión de la osteopenia, que sucede cuando disminuye más la DMO si no se toman medidas. Cuando una persona presenta osteoporosis sus huesos son más frágiles, lo cual aumenta el riesgo de fracturas.

Relación potencia-peso: es un factor de rendimiento en muchos deportes y básicamente indica la fuerza de la persona dado su peso: una persona más ligera y más fuerte presentará una relación potencia-peso más elevada.

Síntesis proteica: el proceso de producir proteínas nuevas (músculo), véase también la p. 14.

Volumen sistólico: el volumen de sangre bombeado por el ventrículo izquierdo del corazón en una contracción, medido en mililitros/latido.

¿Qué beneficios aporta el agua?

Todos los seres vivos necesitan agua para sobrevivir. Sin agua, el cuerpo dejaría de funcionar debidamente. Este líquido representa entre el 60 y el 65 por ciento del peso corporal (según la grasa corporal de cada persona: a más grasa menos agua, a menos grasa más agua), y una persona no es capaz de sobrevivir más que unos pocos días sin agua. El organismo la utiliza para diversas funciones normales importantes: regular la temperatura corporal, actuar como amortiguador de golpes en articulaciones y órganos internos, transportar nutrientes a las células, mantener las membranas mucosas húmedas y eliminar productos de desecho.

Cómo perdemos agua

De promedio, una persona suda 500 ml de agua al día, pero esto no tiene en cuenta la temperatura ambiente ni la frecuencia del ejercicio físico o la actividad (véase el apartado de Factores que afectan a la pérdida de líquido, más adelante). Además de este volumen de sudor, perdemos unos 250 ml de agua al día con la respiración. Cada vez que respiramos (espiramos), el aliento contiene agua en forma de vapor. Este vapor de agua contiene electrolitos (minerales como sodio y potasio, véase la p. 21), de modo que también perdemos una cantidad de estos.

Es importante ser conscientes de lo fácil que resulta quedar deshidratados si no reponemos el líquido que perdemos. Es más, no es necesario hacer ejercicio físico o no pasar calor para deshidratarse, uno puede deshidratarse sentado en un escritorio de una oficina fría si la ingestión de líquido no se corresponde con la pérdida de líquido.

Para el funcionamiento sano del organismo, hay que reponer estas pérdidas a lo largo del día, lo cual se hace mediante los alimentos y las bebidas que se consumen (véanse las pp. 24-25).

CÓMO AYUDA EL AGUA AL ORGANISMO

→ humedece las membranas mucosas de la boca, los ojos y la nariz

→ regula la temperatura corporal

→ lubrica las articulaciones

→ protege los órganos y tejidos

→ ayuda a evitar el estreñimiento

→ reduce el trabajo de los riñones y el hígado al eliminar productos de desecho

→ ayuda a disolver los minerales solubles en agua y otros nutrientes (incluidas vitaminas B complejas y C) para hacerlas útiles al organismo

→ ayuda a transportar los nutrientes y el oxígeno a todas las células

SIGNOS DE DESHIDRATACIÓN

Si detecta alguno de los signos que indican deshidratación, aumente la ingestión de líquido para compensarla:

→ cansancio

→ cefalea y/o náuseas

→ sensación de calor excesivo

→ boca o tos seca

→ piel enrojecida

→ pérdida del apetito

→ mareo

→ orina oscura y de fuerte olor

FACTORES QUE AFECTAN A LA PÉRDIDA DE LÍQUIDO

Ahora que sabe qué es la hidratación, debe comprender cómo podría deshidratarse, con el fin de ser consciente de la pérdida potencial de líquidos y poder combatirla activamente, aumentando proactivamente la ingestión de líquidos.

Temperatura: puede desempeñar un papel significativo en la cantidad de líquido que perdemos con la sudoración. Cuanto más elevada es la temperatura, más sudamos, ya que el organismo intenta mantener su temperatura interna.

Velocidad del viento: la velocidad del viento puede afectar al nivel de sudoración. Si hace viento, el sudor que producimos se evapora rápidamente, de modo que nos refrescamos más fácilmente; con menos viento, se suda más ya que el sudor no se evapora con tanta rapidez.

Humedad: cuando la humedad ambiental es elevada, sudamos más y sin parar, ya que el sudor no tiene ocasión de evaporarse para refrescarnos; lo opuesto ocurre cuando hay poca humedad, entonces sudamos mucho menos ya que el sudor nos refresca de forma eficiente al evaporarse.

Intensidad del entreno: cuanto más duramente nos ejercitemos y nos movamos, más calor genera el organismo, lo cual aumenta la temperatura corporal y genera sudoración.

Ropa no transpirable: la ropa afecta a la cantidad de sudoración de forma parecida a la humedad. Si las prendas no son transpirables, la humedad de la superficie de la piel aumenta, se reduce la evaporación y disminuye la capacidad de refrescarse.

Beba poco y a menudo

La hidratación o estado de hidratación hace referencia al equilibrio de agua en el cuerpo en su conjunto, al nivel de las células. No se trata simplemente del agua que la persona ha bebido. Para estar hidratadas, todas las células deben recibir líquido y emplearlo de forma efectiva.

Para mantener la hidratación a lo largo del día, es importante ir tomando cantidades moderadas de líquido con frecuencia: elija una bebida que le guste (sin cafeína, ni azúcar, ni gas, evidentemente). Tomar 2 litros en una hora cuando nos sentimos sedientos puede llegar a igualar la cantidad diaria recomendada de agua, pero no hidratará el cuerpo, ya que gran parte de este líquido entrará y saldrá del organismo sin dar tiempo al intestino a que sea absorbido hasta llegar al torrente sanguíneo, de modo que no llegará a las células.

Por lo tanto, el consejo es beber antes de sentir sed, en cantidades moderadas, a lo largo del día.

Minimizar la deshidratación durante el deporte

Puede resultar difícil beber suficiente líquido para mantener la hidratación mientras se realiza ejercicio físico, en consecuencia, el objetivo consiste en minimizar la deshidratación. La deshidratación pasado cierto nivel (2 por ciento del peso corporal) puede acarrear efectos negativos tanto para la salud como para el rendimiento, especialmente durante pruebas de resistencia.

¿Cómo afecta la deshidratación al rendimiento? Cuando se produce deshidratación, los niveles de líquido en la sangre disminuyen, lo cual causa el aumento de la viscosidad de la sangre (o su espesamiento) y el descenso del volumen de sangre, lo cual provoca a su vez que el ritmo cardíaco aumente. Al incrementar el ritmo cardíaco, el volumen de sangre bombeado con cada latido (conocido como volumen sistólico) se reduce, debido a la menor cantidad de tiempo que el corazón tiene para llenarse de sangre. Además de estos efectos en el sistema cardiovascular, la deshidratación también aumenta la temperatura interna corporal, incrementa la utilización de glucógeno (véanse las pp. 17 y 21) y disminuye la función del sistema nervioso central, lo cual se traduce físicamente en pérdida de atención, concentración y coordinación.

Resulta de vital importancia garantizar que se inicia el entreno o la competición totalmente hidratados. Por eso, 2-3 horas antes se deben consumir 500 ml de agua con electrolitos (beba siempre electrolitos cuando haga ejercicio físico). Si la orina no es de color amarillo pálido antes de iniciar la actividad, tome 250 ml más (de agua con electrolitos) una hora antes.

¿Qué son los electrolitos?

Los electrolitos son minerales esenciales que permiten al organismo funcionar bien. Durante el ejercicio físico, se pierde una mayor cantidad de electrolitos con la sudoración, que debe reponerse. El sodio es necesario para la absorción de agua a través del intestino delgado; si toma agua sin sodio después del ejercicio físico, una gran cantidad del líquido pasará por el intestino sin ser absorbido, y sin efecto, por lo tanto, para la hidratación. El calcio, el magnesio y el potasio también necesitan reponerse ya que desempeñan papeles en la contracción muscular y la función cardíaca y cerebral, así como en el sistema nervioso.

CALCULAR LA PÉRDIDA DE LÍQUIDO

Una manera simple y fácil pero efectiva de garantizar una rehidratación adecuada consiste en tomar nota del peso antes y después del entreno. La pérdida de peso durante el ejercicio físico se debe predominantemente a la pérdida de agua (junto con cierta pérdida de glucógeno muscular e incluso de grasa).

Pésese antes y después de entrenar: el peso perdido será de líquido que debe ser repuesto. Como norma, procure ingerir 1,5 veces la cantidad de peso perdido para contrarrestar esta pérdida de líquido.

PESO PERDIDO

1,5

1

INGESTIÓN DE LÍQUIDO

Las mejores bebidas para una buena hidratación

¿Qué cantidad debo beber? Como hemos dicho anteriormente, el organismo obtiene agua de la bebida y de los alimentos. En general, debería obtener el 20-30 por ciento del agua a partir de los alimentos y el 70-80 por ciento de las bebidas, preferiblemente agua. Se aconseja que los hombres beban 2,5 litros de a diario y las mujeres 2.

Beber agua sola puede no ser la manera más eficaz de mantener la hidratación o de rehidratarse. Las ventajas de los electrolitos en las bebidas deportivas son bien conocidas; sin embargo, estas bebidas suelen contener también muchos azúcares, edulcorantes y colorantes. Le gustará saber que existen alternativas naturales, con buen contenido en electrolitos y capaces de mantener la buena hidratación (véanse nuestras cinco bebidas favoritas, más adelante). Combinar los electrolitos que contienen la fruta y la verdura con agua puede favorecer la hidratación.

Estas son las cinco bebidas hidratantes preferidas de Soulmatefood, las cuales aportan hidratación y además una buena cantidad de vitaminas y minerales extra.

1. Agua de coco: esta bebida es ahora bastante popular por sus propiedades hidratantes; en Soulmatefood nos encanta.

2. Batido reponedor: de manzana, pepino y kiwi (p. 231).

3. Un buen batido de coco: puede elegir el sabor que prefiera (p. 226).

4. Radiante: batido de aguacate, piña, menta, lima y manzana (p. 235).

5. Revitalizante: delicioso batido de cacahuete, plátano, nuez moscada y miel (p. 236) para recuperarse tras el entreno; es un batido muy calórico.

Picar es bueno

Comer con frecuencia –o picar– es uno de los temas que sale con frecuencia y de forma cíclica en los medios de comunicación: un año se recomienda picar y al siguiente, se aconseja evitarlo a toda costa. En Soulmatefood, pensamos que picar es una buena manera de controlar lo que uno come tanto si el objetivo es bajar de peso, como si es mantenerlo o aumentarlo: por eso creemos que hay que tomar un tentempié a media mañana y otro a media tarde. En nuestra opinión, picar tiene varios efectos en el organismo, que pueden favorecer la consecución de nuestros objetivos.

Quemar

Las personas que sigan el código dietético para Quemar pretenden perder grasa corporal y no peso. Cuando se trata de perder grasa, picar puede ayudar a mantener la masa muscular magra (que también puede mantener el metabolismo). Pique alimentos ricos en proteínas cada 3 o 4 horas: casi todas nuestras recetas se elaboran sobre una base de proteínas. Cuando se combina con ejercicios de resistencia o con pesas, picar puede maximizar la producción de proteína muscular, y como resultado ayuda a mantener el músculo. El músculo magro es mucho más activo metabólicamente que la cantidad equivalente de grasa, por lo que conservar el músculo puede favorecer la combustión de calorías.

Un estudio llevado a cabo con boxeadores profesionales indicó que los que comían seis veces al día perdían la misma cantidad de peso corporal, pero mantenían más músculo que los que consumían todas las calorías del día en una o dos comidas. Esto sugeriría que comer con frecuencia puede favorecer el mantenimiento de músculo magro, lo cual ayuda a conservar el metabolismo, y a la vez se queman más calorías y se aumenta la tasa de pérdida de grasa corporal. Picar también ayuda a mejorar la relación potencia-peso (uno de los indicadores más importantes del rendimiento deportivo; véase la p. 21) al bajar de peso.

Los alimentos ingeridos deben descomponerse en sus partes constituyentes (masticación, deglución, procesamiento en el estómago y en el intestino) y ello requiere cierta cantidad de energía, lo cual se conoce como el efecto térmico de los alimentos. Muchas personas creen que comer con frecuencia aumenta el metabolismo, debido a la mala interpretación de este efecto térmico. La idea de que picar dispara el metabolismo no se basa en la investigación clínica, que ofrece conclusiones diversas en cuanto a si la frecuencia de las comidas aumenta la cantidad de energía utilizada para digerir los alimentos. Algunos estudios indican que comer con frecuencia inicia incrementos del metabolismo más frecuentes, menores y más cortos, mientras que tomar comidas más abundantes con menor frecuencia iniciaría un aumento del metabolismo mayor y más largo. A largo plazo, en ambos casos se quema la misma cantidad de calorías, de modo que al parecer picar no aumenta el metabolismo.

Por lo tanto, el hecho de picar no incrementa el metabolismo pero sí puede ayudar a mantener la musculatura magra, que a su vez ayuda a conseguir los objetivos de pérdida de peso al quemar más calorías, o sea que se pierde grasa corporal y no tan solo peso.

Mantener

Como hemos dicho, la insulina es una hormona que se libera para ayudar a mantener los niveles de azúcar en sangre y llevarlo a las células, donde se convierte en glucógeno o se almacena en forma de grasa para emplearlo más adelante como energía (véase también la p. 17). Y muchos de los lectores conocerán las subidas y bajadas de azúcar que imitan la acción de la insulina al ser liberada en respuesta a los alimentos ricos en carbohidratos, y en mayor cantidad cuando se ingieren alimentos más azucarados. La insulina también se libera cuando se toman alimentos proteínicos. Algunos estudios indican que la reacción de la insulina es otro elemento que puede mejorarse cuando se come menos cantidad y con mayor frecuencia: los resultados señalaron menores niveles de glucosa e insulina en la sangre cuando se tomaban cuatro comidas en comparación con una comida más copiosa con la misma cantidad de alimentos y calorías totales. Otro estudio concluyó que la insulina se reducía algo más del 25 por ciento cuando los participantes consumían 17 tentempiés al día en lugar de tres comidas al día. Obviamente, tomar 17 tentempiés al día es un poco extremo, pero lo que este estudio ayuda a demostrar es que la mayor frecuencia de comidas puede ayudar a reducir la reacción de insulina.

Otro estudio demuestra que un grupo de personas que tomaron seis comidas al día presentaron menores niveles de colesterol LDL (véase la p. 21); los niveles fueron un 5 por ciento menores que los de las personas que comieron dos veces al día. Muchas investigaciones apoyan este resultado: el aumento de la frecuencia de las comidas repercute en menores concentraciones de colesterol LDL.

Picar también se ha demostrado que ayuda a controlar el apetito además de reducir el hambre, siempre que las comidas presenten una buena composición. Cuando decimos picar, no nos referimos a alimentos ricos en azúcares, procesados, ni ricos en grasa, como las patatas fritas o los caramelos; todos los alimentos deben ser de la mejor calidad que nos podamos permitir y siempre deben responder a un propósito nutricional: alimentos reales, no alimentos adulterados.

Por lo tanto, picar entre horas cuando se pretende mantener el peso puede producir un efecto beneficioso en diversas funciones corporales, incluida la reducción del colesterol «malo», la disminución de los niveles de insulina y la mejora del control del apetito; todo lo cual puede ayudar a mantener un peso equilibrado.

Todos los beneficios indicados de picar también pueden aplicarse a los códigos dietéticos para Quemar y Desarrollar.

Desarrollar

Como hemos dicho, comer alimentos ricos en proteínas cada 3-4 horas ayuda a maximizar la síntesis proteica: desarrollar la musculatura. Cuando la formación de músculo es el objetivo, ingerir más calorías y comer con mayor frecuencia favorece el crecimiento muscular. Pero no se trata solo de comer con tanta frecuencia como se desee. Las investigaciones sugieren que es posible comer con demasiada frecuencia cuando se persigue únicamente el desarrollo de masa muscular. Tomar alimentos ricos en proteínas significa que el cuerpo se expone a niveles elevados de aminoácidos (véase la p. 14). Pero los músculos parecen reducir su sensibilidad a estos aminoácidos cuando se exponen a ellos durante un largo período de tiempo. Cuando se exponen a niveles altos de aminoácidos cada 3-4 horas (como aconsejamos en el programa para Desarrollar), la síntesis proteica muscular aumenta. No obstante, un estudio señala que cuando se aportan aminoácidos por encima del 70 por ciento del nivel normal durante varias horas, la síntesis proteica vuelve a su tasa normal a pesar de que el nivel de aminoácidos siga alto. Otro estudio indica que un pico del suministro de aminoácidos seguido de un descenso permite al organismo procesar cantidades más altas de proteína muscular que cuando se mantiene un nivel alto de aminoácidos. Esto sugiere que comer proteínas con mayor frecuencia que cada 3-4 horas podría ir en detrimento del desarrollo muscular. Por lo tanto, no caiga en la tentación de comer con mayor frecuencia.

Muchas personas que pretenden ganar musculatura necesitan comer más calorías. Picar puede ayudar en este aspecto: por ejemplo, es más fácil tomar seis comidas de 500 kcal que tres comidas de 1.000 kcal cuando se desean consumir 3.000 kcal al día.

Así, tomar proteínas con frecuencia (cada 3-4 horas) ayuda a maximizar la síntesis proteica y facilita la ingestión de calorías adicionales, lo cual conlleva mayor capacidad de desarrollo muscular. No obstante, comer con mayor frecuencia que esta puede reducir la cantidad de músculo que se desarrolle, por lo que conviene seguir las directrices señaladas.

Las comidas del día

Al planificar la ingestión diaria de alimentos, procure dar a cada comida un propósito específico y no contemple las comidas como «simple comida». Dar una función a cada ingrediente y comida nos hace reflexionar más sobre la alimentación y sobre por qué se planifican, se preparan y se toman los alimentos: encontrará estos beneficios anotados al principio de cada receta. En esta sección asociaremos un propósito a cada comida, en función de si nuestro objetivo es Quemar, Mantener o Desarrollar. Procure comer a intervalos de tres o cuatro horas, de modo que su día se parezca al del ejemplo.

08:00

DESAYUNO
inicio del día

Literalmente para «romper el ayuno» de la noche, la primera comida del día es la más importante. Sea cual sea su objetivo, el desayuno es el momento ideal para tomar proteínas e iniciar el proceso de síntesis proteica, ya que durante la noche este habrá caído significativamente. Hay que iniciar la síntesis proteica temprano porque el organismo habrá estado descomponiendo músculo por la noche, al no haber ingerido nada durante muchas horas. Tomar proteínas en el desayuno ayuda a detener la descomposición del músculo y, si se pretende desarrollar la musculatura, se iniciará de nuevo el proceso de desarrollo.

Quemar Durante la noche, los niveles de azúcar en sangre habrán descendido y el cuerpo concentra sus esfuerzos en metabolizar la grasa. Para prolongar este aumento de metabolismo de la grasa, el desayuno debe presentar un componente mínimo de carbohidratos para mantener los niveles de azúcar en sangre bajos y los de descomposición de grasa altos. Pero dejar de tomar carbohidratos no significa renunciar al sabor ni a la nutrición: opte por las Tortitas de coco con papaya y mantequilla de macadamia (p. 81), las Galletas de alforfón y jarabe de arce (p. 66) o las Minitortillas de brócoli, pimientos y feta con espárragos (p. 96), una comida rapidísima pero deliciosa para llevar.

Mantener Tomar una comida equilibrada, con carbohidratos de bajo IG por la mañana le ayudará a prepararse para el día. Es más, reduce la probabilidad de una subida de azúcar en sangre y ayuda a prevenir el bajón de media mañana, típico tras un desayuno a base de cereales de producción industrial con alto IG y pobres en proteínas. ¿Por qué no probar un nuevo tipo de gachas? Las Gachas de sémola y chía con naranja, limón y jengibre (p. 79) encajan perfectamente. Si no, unas Tortitas americanas a su manera (p. 83) o una tanda de Crujiente de coco y chocolate (p. 66) para tener el desayuno a punto cuando no tenga tiempo.

Desarrollar Para obtener el carburante necesario para el entreno, elija un desayuno rico en hidratos de carbono, de bajo IG para aumentar las reservas de glucógeno. Los carbohidratos en el desayuno favorecen el aumento de la cantidad de aminoácidos que absorberán los músculos a través de la insulina y de la ingestión de calorías, lo cual promueve la recuperación e incrementa el crecimiento muscular cuando se combina con un entreno de resistencia. Los postres con yogur, como la Crema de yogur «After Eight» (p. 72), son ideales para los que siguen el código para Desarrollar, pero el Bizcocho de plátano y nueces con crema Earl Grey (p. 97) también es una opción rápida. Si le apetece algo más saciante, opte por el Desayuno inglés saludable (p. 86).

Consejo Si precisa un empujón de energía mientras sigue este código dietético, simplemente añada una cucharadita de aceite de coco al té de la mañana; además le ayudará a mantener el músculo magro. El tipo de grasas conocido como triglicéridos de cadena media que contiene el aceite de coco se absorbe rápidamente, lo cual aporta una fuente de energía de fácil acceso al mismo tiempo que evita recurrir a carbohidratos azucarados.

Consejo Añada una ración vegetal en polvo (como espirulina) al zumo o al agua de la mañana para obtener más vitaminas y minerales. Este suplemento no debería sustituir la fruta y las verduras de la dieta habitual.

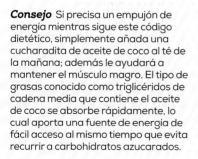

Consejo Si desea aumentar el consumo de calorías, combine el desayuno con un batido: Radiante (p. 235) es un zumo de aguacate, piña, menta, lima y manzana; o un Batido de coco (p. 226).

11:00

TENTEMPIÉ

*energía hasta
el almuerzo*

Este tentempié le ayudará a saciar el hambre hasta la hora del almuerzo y además le aportará otra tanda de proteína.

Mantener Un tentempié proteico, bajo en carbohidratos, como las Barritas de anacardos y limón (p. 112) o los Rollitos vietnamitas con salsa fragante (p. 139), ayuda a combatir el hambre mientras favorece la conservación de la masa muscular ganada a pulso.

Los tentempiés son ideales para retomar fuerzas y ayudar al organismo a recuperarse. Si ha realizado una sesión de actividad moderadamente intensa, opte por un tentempié para Mantener; si ha realizado una sesión de entreno dura, entonces opte por un tentempié para Desarrollar. Los tentempiés para Quemar son más indicados para días menos activos.

Consejo Después de un entreno de moderada intensidad, procure ingerir 20-30 g de proteína y 20-30 g de carbohidratos; si es de gran intensidad, 40-60 g; en otras palabras, si la sesión ha sido fácil, tome un tentempié para Mantener y si ha trabajado duro, uno para Desarrollar.

BEBA A LO LARGO DEL DÍA

La hidratación va unida a la alimentación para facilitar un poco la consecución de objetivos (véanse las pp. 22-25). Un enfoque sencillo consiste en tomar un vaso de agua con cada comida o tentempié y uno entre comidas, más al menos 500 ml por cada hora de ejercicio (con electrolitos añadidos para favorecer la absorción del líquido).

Es bueno saber que se ha demostrado que una ingesta moderada de café no afecta a la hidratación en menor medida que el agua, de modo que se puede tomar la taza de café ritual de la mañana, pero el resto del día procure limitarse a beber agua e infusiones de hierbas y de frutas.

Los zumos de fruta, aunque contribuyen a la ingesta de líquido, contienen mucho azúcar, si bien «presente de forma natural»; debe limitarse el consumo de la fructosa que se encuentra en la fruta. Si le gustan los zumos de fruta, disfrute de ellos junto con las comidas para reducir los efectos del azúcar en la producción de insulina y tome como máximo un vaso al día.

14:00

ALMUERZO

*encarar
el día*

Casi siempre, el almuerzo se toma durante un día laborable, de modo que es necesaria cierta preparación para obtener una comida sana y nutritiva que encaje con nuestro código dietético.

▽

Quemar El almuerzo es la ocasión ideal para darse el gusto de unos carbohidratos de bajo IG, como la Ensalada de salmón ahumado con queso de cabra (p. 210). Si prefiere una opción más ligera, elija una sopa como la Sopa superverde de cebada perlada (p. 144). Los hidratos de carbono del almuerzo aportarán energía al cerebro para que pueda concentrarse en las tareas del turno de la tarde, y le ayudarán a trabajar hasta el momento de volver a casa. Como es posible que siga activo –ya sea al regresar a casa, en el trabajo, cocinando por la noche, o durante cualquier actividad que no sea quedarse quieto– esta ración de carbohidratos se empleará como fuente de energía en lugar de almacenarse en forma de grasa.

○

Mantener Como su pretensión es mantener su peso y puede permitirse unas calorías adicionales aquí y allá, puede caer en la tentación de optar por una comida preparada rápida pero no muy saludable. Si bien es posible que no aumente de peso con esta opción, puede que sienta un bajón por la tarde. Por lo tanto, dentro del código para Mantener, elija una receta de IG bajo, equilibrada en carbohidratos y repleta de verduras, que le ayude a controlar los niveles de insulina y conservar la atención para trabajar. El Pollo con cuscús gigante, hinojo, pera y nueces (p. 152) y la Ensalada de pasta con halloumi y salsa verde (p. 214) son buenas opciones.

△

Desarrollar El almuerzo ofrece una oportunidad libre de culpa para llenarse de carbohidratos. Si ha entrenado por la mañana, el propósito de esta comida será la recuperación; si va a entrenar más tarde, entonces será una comida para llenarse de energía. Sea como fuere, lo fundamental será lo mismo: una combinación rica en hidratos de carbono y rica en proteínas; opte por algo como la Sopa ramen de pollo con chile (p. 159) o la Ocra criolla con alubias rojas y arroz (p. 194).

17:00

MERIENDA
*vitalidad
hasta la cena*

Considere este tentempié como el tentempié de media mañana: una buena manera de seguir despejado por la tarde, controlar el hambre y permitir la concentración en las tareas que realice. Si entrena por la tarde, opte por un tentempié para Desarrollar una hora antes para favorecer la recuperación posterior.

Consejo Para potenciar la energía por la tarde, combine el tentempié con una taza de té verde. No solo le aportará cafeína sino que además le proporciona abundancia de antioxidantes y compuestos fenólicos. Otro ingrediente que hace del té verde mejor opción que el café es la L-teanina, que al consumirla con cafeína posee un efecto sinérgico que mejora la función cerebral. ¡Premio!

ADAPTE EL HORARIO DE LAS COMIDAS

Las horas de las comidas indicadas aquí solo son ejemplos y puede adaptarlas según su rutina diaria. No hay que seguir las horas exactas sugeridas pero procure mantener el patrón de una comida cada tres horas para aprovechar los beneficios de comer con frecuencia descritos en el apartado Picar es bueno (pp. 26-29). Es fácil adaptar este horario a su rutina diaria adelantando todas las comidas una hora si se levanta usted temprano y toma el desayuno a las 7, por ejemplo, o añadir una hora si acostumbra a desayunar a las 9.

CENA
*redondear
el día*

A menudo se dispone de más tiempo para preparar la cena, de modo que es la ocasión de elegir receta. Hojee la sección de Comidas principales (pp. 140-221) y decida qué variación va a preparar esta noche.

▽

○

△

Quemar Para proseguir con el buen trabajo llevado a cabo durante el día, intente minimizar la ingestión de carbohidratos por la noche. Cuando descanse, el cuerpo utilizará principalmente grasas como fuente de energía. Si consume hidratos de carbono a esta hora del día, poco a poco se convertirán en grasa corporal ya que solo empleará una pequeña cantidad como fuente de energía. Por tanto, opte por un Caldo de pollo tom yum con fideos (p. 171) o un Curri rojo tailandés de pescado (p. 207).

Mantener A menos que haya entrenado después del trabajo, procure evitar una comida rica en carbohidratos. Una pequeña ración de hidratos de carbono para cenar no es el fin del mundo, pero que sea escasa. Buenas recetas para acabar el día son el Gulasch húngaro de ternera con arroz (p. 187) y la Sopa dahl masoor con caballa (p. 199).

Desarrollar Si ha jentrenado después del trabajo, la cena debe favorecer la recuperación y el crecimiento muscular. También debe servir para pasar toda la noche, de modo que hay que optar por una comida rica en carbohidratos, con bajo IG y una buena ración de proteína para fomentar el crecimiento muscular por la noche. Si ha entrenado antes de la cena, el contenido en carbohidratos no será tan importante y puede provocar el almacenamiento de grasa, por lo tanto, opte por una comida para Mantener.

Consejo Tomar una ración de proteína de liberación lenta (caseína) antes de acostarse puede ayudar a mantener la masa muscular por la noche al ir alimentando los músculos con proteína. Añada media cucharada de caseína en polvo a una ración de 100-150 g de requesón bajo en grasas o un yogur griego con bayas o tome un vaso de leche desnatada una hora antes de acostarse.

Enfoque visual de la alimentación

Ser consciente de las calorías puede ser algo a tener en cuanta cuando se sigue una dieta, pero sumar las que lleva una receta o un tentempié resulta aburrido y complicado. Por supuesto, contarlas puede ser relativamente fácil si se toman alimentos preparados, ya que por ley deben contener informaciones nutricionales (como energía, contenido en carbohidratos, azúcar, grasa, grasa saturada y sal). Pero estos alimentos suelen ser de escasa calidad nutritiva.

Lo mejor cuando se pasa a una alimentación más sana es dejar de tomar alimentos preparados y adquirir productos frescos para después cocinarlos. Si cocina las recetas desde cero, el recuento de calorías puede resultar complejo, ya que los ingredientes frescos no se etiquetan con su contenido en calorías o macronutrientes (aunque no estaría nada mal que una zanahoria, un pedazo de queso o un plátano llevaran una etiqueta de este estilo). Cuando cocine con ingredientes frescos y cree deliciosos platos, la única manera de calcular rápidamente las calorías consiste en emplear un programa o aplicación de análisis dietético, como MyFitnessPal.

Pero puede evitar el recuento de calorías si sigue uno de los tres códigos dietéticos del presente libro: nosotros nos hemos encargado del trabajo, de modo que usted puede limitarse a elegir el plato que le apetezca, con su variación a medida, en lugar de preocuparse de los gramos de harina que utilice o los mililitros de leche. Dicho esto, si puede empezar a monitorizar las calorías y la grasa o las proteínas que contiene un ingrediente, entonces irá camino de convertirse en un conocedor de la nutrición y será capaz de conseguir sus objetivos dietéticos con mayor facilidad y rapidez.

En este apartado, le enseñaremos que las claves visuales pueden servir para saber que uno toma la cantidad adecuada de alimentos y las proporciones correctas de diversos alimentos.

No necesita balanza... utilice las manos

Una buena manera de controlar las raciones consiste en el uso de las manos. Cuanto más pequeña es la persona, más pequeñas tiene las manos; cuanto más grande, más grandes son las manos. Usar las manos para medir las raciones puede ser útil porque las personas más pequeñas suelen precisar menos calorías y nutrientes que las más grandes. Un puñado equivale a la cantidad que se ajusta al volumen de su puño cerrado; una mano llena es la cantidad que quepa en su mano extendida.

▽ QUEMAR

→ un puñado de proteína

→ dos manos llenas de verduras o ensalada (o más, si lo desea)

→ una palma poco llena de alimentos grasos o una o dos cucharaditas de aceite

◯ MANTENER

→ un puñado de proteína

→ una o dos manos llenas de verduras o ensalada

→ un puñado de carbohidratos

→ una palma poco llena de alimentos grasos o una o dos cucharaditas de aceite

△ DESARROLLAR

→ un puñado de proteína

→ una o dos manos llenas de verduras o ensalada

→ dos puñados de carbohidratos

→ una o dos palmas poco llenas de alimentos grasos o dos o tres cucharaditas de aceite

El tamaño de las raciones importa

Los estudios indican que el tamaño de los platos ha aumentado más de un 20 por ciento desde la década de 1960; esto significa que ingerimos más en cada comida que hace unas décadas. La naturaleza de grandes dimensiones del mundo moderno ha conducido a la existencia de algunas personas de grandes dimensiones: algo nada saludable. Se ha demostrado que el tamaño del plato o el cuenco influye en la cantidad de comida que se toma. Este fenómeno, conocido como la ilusión Delboeuf (véase abajo, a la derecha), se extendió en los años sesenta para explicar la naturaleza caprichosa de la dieta occidental. La base de la ilusión es que cuando un círculo (en este caso, el círculo es la comida) se coloca sobre otro círculo más grande, el círculo de dentro parece más pequeño que cuando se coloca sobre otro círculo solo un poco mayor.

La tendencia es que el estilo de las vajillas se parezca cada vez más al de los grandes platos blancos de los restaurantes, de modo que acabamos comiendo más porque la ilusión es que no ingerimos tanta cantidad. Con platos más pequeños, es fácil reducir la cantidad de comida que ingerimos porque el cerebro ve un plato lleno ante sí. Cambiando los platos por otros más pequeños, la ilusión le ayudará a ver las raciones más grandes de lo que son.

Utilice esta ilusión a su favor optando por un plato más pequeño cuando desee bajar de peso (Quemar), uno de tamaño normal cuando pretenda conservar su peso (Mantener) y uno grande cuando se proponga aumentar la masa muscular o el peso (Desarrollar).

Tamaño de los platos

Elija el tamaño de su plato según su código dietético para ayudarle a obtener visualmente la cantidad adecuada de comida y para hacer creer al cerebro que come más.

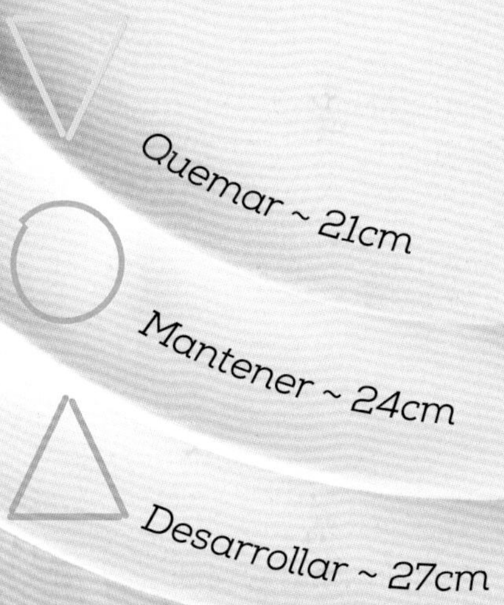

Quemar ~ 21cm

Mantener ~ 24cm

Desarrollar ~ 27cm

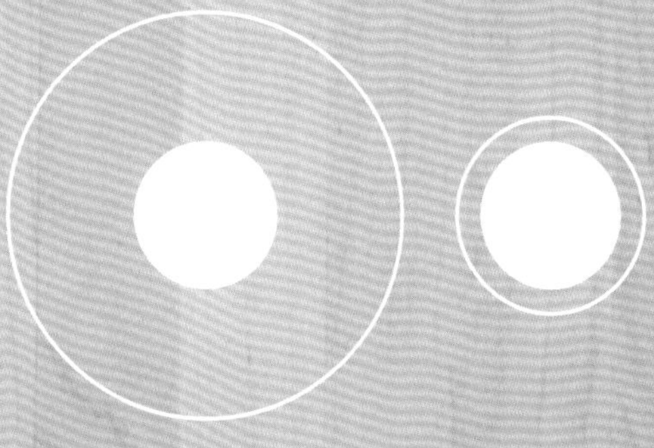

La ilusión Delboeuf: el círculo interior de la derecha parece mayor pero es del mismo tamaño que el de la izquierda.

Todas las proteínas son iguales, bueno, casi

Pollo – 25 % de proteína

Ternera – 25 %

Cordero – 25 %

Pavo – 24 %

Salmón – 20 %

Legumbres – 19-24 %

Pescado blanco – 18-21 %

Queso – 14-28 %

Frutos secos – 14-21 %

Cereales – 14-18 %

Huevos – 13 %

Edamame – 11 %

Requesón
y yogur – 10-12 %

Tofu – 8 %

Cuando hablamos de proteínas, nos referimos a carne, aves, pescado y marisco, legumbres y guisantes, huevos, derivados de la soja, productos lácteos, frutos secos y semillas (véase la p. 14). Todos los platos –sea cual sea el código dietético que siga– deben contener un puñado de proteínas, que aportan aproximadamente la ración adecuada por comida.

Los alimentos en forma de carne magra, como el pollo y la ternera, contienen más o menos el mismo porcentaje de proteína (véase la ilustración de la izquierda) y calorías, de forma que una ración estándar, del tamaño de un puñado, puede servir para todas las proteínas, el pescado azul, como la caballa o el salmón, suelen contener menos proteínas y más calorías, pero sírvase una ración del mismo tamaño e inclúyalos en su dieta solo tres o cuatro veces a la semana (las mujeres embarazadas o lactantes o las que estén intentando concebir deberían limitar su consumo a dos veces por semana). Otras fuentes proteicas, como los productos lácteos y los derivados de la soja, ofrecen porcentajes variados de proteínas (véase la lista de la izquierda). Dicho esto, un puñado de proteínas debería bastar en todos estos casos y las recetas están diseñadas para proporcionar al organismo lo que necesita.

Grasas: ayúdese con una cuchara

Como recordará, las grasas pueden ser insaturadas o saturadas (véase la p. 18). Las grasas insaturadas se hallan en el aceite de girasol, de colza, de oliva y vegetales, en el aguacate, los frutos secos y las semillas, y en el pescado azul, mientras que se encuentran grasas saturadas en carnes grasas y productos cárnicos, productos lácteos, bollería, pasteles, galletas, chocolate, aceite de coco y de palma. Con anterioridad hemos visto lo fácil que resulta estimar el contenido proteico y de carbohidratos de una comida. Calcular el contenido graso de una comida puede ser algo más complicado porque las grasas pueden estar escondidas en otros ingredientes. Utilizar las manos para medir la cantidad de grasa es más difícil (a menos que desee tener aceite por toda la cocina, menos en su comida), por lo que nos ayudaremos de un utensilio medidor convencional: una cucharilla es perfecta. Debería tomar una ración de grasa con cada comida. Si prepara pescado azul o un corte de carne graso, no hace falta añadir más grasa porque el alimento ya contiene suficiente. Pero si toma carne magra, como pavo o pollo, o prepara un plato a base de hortalizas, procure incorporar un poco de aceite al plato en forma de aliño o para cocinarlo (lo ideal es aceite de oliva virgen extra o aceite de coco) o acabe el plato con una ración de frutos secos y semillas, por ejemplo, o sírvalo con medio aguacate como guarnición.

Aceites	Aguacate	Frutos secos y semillas	Productos lácteos con toda su grasa
2 cucharaditas	medio	un puñadito	3 cucharaditas colmadas

Espectro de carbohidratos

Los hidratos de carbono, como recordará (véase la p. 16), pueden ser simples (como los azúcares, incluida la fruta y la leche) y complejos (por ejemplo almidones, como plátanos, cebada, alubias, panes, cereales, garbanzos, harina, lentejas, frutos secos, avena, pasta, patatas, tubérculos, maíz y ñame). El contenido en carbohidratos varía bastante entre las distintas fuentes. Por ejemplo, los cereales o los alimentos a base de cereales (arroz, quinoa, pasta o cuscús) tienden a presentar el mayor contenido de carbohidratos, 70-80 por ciento, mucho menor que el que contienen los tubérculos, por ejemplo, que es del 10-20 por ciento: véase el espectro de la derecha. Por este motivo, intentar reconocer qué alimento hay que tomar más y cuál hay que reducir será esencial para controlar la ingesta de carbohidratos y calorías.

Fideos de arroz –
83 % de carbohidratos

Arroz – 80 %

Cuscús – 77 %

Pasta – 75 %

Avena – 66 %

Quinoa – 64 %

Garbanzos – 61 %

Alubia pinta – 61 %

Judía blanca – 60 %

Lentejas – 60 %

Boniato – 20 %

Patata – 18 %

Calabaza – 12 %

Zanahoria – 10 %

Porciones visuales de carbohidratos

La tabla siguiente indica las porciones que se deberían consumir al seguir los planes para Quemar, Mantener o Desarrollar. En lugar de pesar los ingredientes, estas raciones pretenden ser una manera fácil y rápida de calcular los carbohidratos necesarios.

Desayunos (principalmente en manos llenas)

	▽		○		△	
Avena		0-½		1		2
Muesli		0-½		1		2
Granola		0-½		1		2
Alubias cocidas		0		½ taza		1 taza
Pan		0		1 rebanada		2 rebanadas
Patatas		0		1 patata		2 patatas

Almuerzos y cenas (todo en manos llenas)

	▽		○		△	
Arroz (seco)		0-½		1		2
Quinoa (seca)		0-½		1		2
Cuscús (seco)		0-½		1		2
Pasta (seca)		0-½		1		2
Lentejas (secas)		0-½		1		2
Garbanzos (secos)		0-½		1		2
Legumbres (secas)		0-½		1		2
Patatas		1		2		3
Boniato		1		2		3
Tubérculos		1		2		3

Alimentos limpios y naturales

Se pueden hacer unos pocos cambios sencillos para que los alimentos que adquirimos marquen la diferencia en cuanto a salud y vitalidad. Si tuviéramos que resumirlo en una frase, sería: *Elija productos cultivados con cariño, de proximidad, ecológicos si es posible, y cocínelos usted mismo en lugar de comprar alimentos procesados y preparados.*

La calidad es lo primero

El primer paso para preparar recetas apetecibles consiste en prestar atención a la calidad de los alimentos que compra y come.

Muchas personas compran gran parte de los alimentos en el supermercado, donde ahora se encuentran platos preparados en bandejas de plástico listos para calentar en el microondas, con todos los conservantes, grasas procesadas y nutrición limitada que esto conlleva.

La calidad no siempre es la prioridad en el supermercado, ya que estos establecimientos buscan cantidad al mejor precio, de modo que la calidad puede verse afectada porque los estantes están llenos de productos de baja calidad a precios bajos. No obstante, muchos supermercados incluyen una sección de productos ecológicos donde se puede adquirir fruta y verdura libres de sustancias químicas nocivas y conservantes, y carnes que no se producen en masa ni incluyen extras innecesarios.

Cambie, pues, su enfoque a la hora de la compra para sacarle provecho de cara a la salud. Busque tiendas especializadas –carnicerías, pescaderías, panaderías y verdulerías están regresando a pueblos y ciudades o reaparecen en los mercados semanales– donde pueden informarle sobre la procedencia de los alimentos y garantizar su calidad.

Elegir bien los alimentos

¿Ha comparado alguna vez el sabor de un tomate del supermercado con el de uno cultivado en casa o en la zona? La diferencia es abismal. Pero no solo se trata del sabor, sino también de la densidad de nutrientes del alimento.

Cultivar los productos que uno va a consumir es una opción insuperable en cuanto a sabor y nutrición; es fácil cultivar lechugas y hierbas en jardineras, tomates y tirabeques en bolsas de cultivo, o llenar espacios en los márgenes del jardín con cebollas, habas o lo que le apetezca. Plante una sola cosa para empezar; cuando le coja el gusto, comprará más semillas de las que le van a caber.

El coste de la carne y el pescado baratos

Se suele creer erróneamente que se emplean hormonas para la producción de la carne no ecológica. De hecho, en la década de 1980, la Unión Europea prohibió el uso de hormonas en animales y la importación de carnes con trazas residuales de hormonas, así que todas las carnes producidas o comercializadas en la UE están libres de hormonas.

Estas son noticias buenas, pero la carne producida en masa sigue una serie de procesos antes de llegar a los estantes del supermercado. Gran parte de la carne se hincha con agua para que el corte parezca más grande y pese más, y por lo tanto, también cueste más. ¿Cuántas veces ha cocinado una pechuga de pollo y ha comprobado que se encoge al cocerla mientras la sartén se llena de agua? Compare con la cocción de una pechuga de pollo de buena calidad y observará la diferencia. En realidad, la pechuga barata puede salir más cara al acabar de cocinarla. En cuanto al sabor, no hay punto de comparación.

El pescado de piscifactoría está sometido a condiciones mucho peores que los animales de tierra. En la piscifactoría convive con muchos más peces que en estado salvaje; por ejemplo, cada salmón dispone del espacio equivalente a una bañera de agua. Estas condiciones de crecimiento intensivo e inhóspito hacen que la piel, las aletas y la cola de los pescados sufran daños frecuentes, además de enfermedades, parásitos y estrés. Para combatirlos, se emplean abundantes antibióticos, hormonas y toxinas. En Soulmatefood, aconsejamos tomar pescado de mar abierto, de pesca sostenible, y ecológico si es posible.

Sea un comprador más informado. Los alimentos bien elegidos:

→ favorecen la salud y la vitalidad

→ contienen una amplia variedad de nutrientes

→ poseen enzimas naturales que facilitan la digestión, no la dificultan

→ están libres de grasas trans y otras grasas hidrogenadas que pueden ser nocivas para la salud

Creemos que una manera fácil de conseguirlo todo es:

→ comprar fruta y verdura ecológica o al menos lavar bien todos los productos antes de cocerlos y comerlos (en caso de duda, elija alimentos con piel natural, como los plátanos, las patatas y los kiwis; la piel actúa de envoltorio natural para mantener a raya las sustancias químicas utilizadas)

→ comprar carne y pescado de producción local, así garantizará un producto de mejor calidad, y optar por pescado de pesca sostenible, no de piscifactoría, y carne de animales alimentados con pasto cuando sea posible, ya que es más nutritiva

→ evitar alimentos que duren mucho tiempo; salvo algunas excepciones, estos tienden a ser muy procesados y están llenos de aceites, azúcares y conservantes

Dietas
para objetivos específicos

Si alguno de los objetivos de la derecha se corresponde con el suyo, entonces puede seguir los códigos dietéticos que se dan como ejemplos en esta sección para obtener una orientación sobre las versiones de comidas y tentempiés que debe comer y cuándo debe hacerlo. Si, por ejemplo, desea perder peso o estilizar su cuerpo, elija el código dietético Comer para controlar el peso. Si está entrenando para correr un maratón, una carrera de obstáculos o un triatlón, entonces su código es Comer para fortalecer. Por lo general, como verá enseguida, el código dietético que siga los días de entreno es diferente al del resto de días, de modo que obtendrá la energía necesaria para su actividad.

Dietas:

Comer para controlar el peso – p. 44

Comer para cuidar la salud – p. 47

Comer para desarrollar el cuerpo – p. 50

Comer para fortalecer – p. 53

Comer para jugar en equipo – p. 57

¿Cuál es la intensidad de su entreno?
Esta tabla le permite calcular la intensidad de su entreno.

NIVEL DE INTENSIDAD	RITMO CARDÍACO (LATIDOS POR MINUTO)	SENSACIÓN	REACCIÓN DEL CUERPO
Bajo	68–92	Fácil	No suda a menos que haga calor y humedad. La respiración no varía.
Moderado	93–118	Un poco duro	Al cabo de 10 minutos empieza a sudar. La respiración se vuelve más profunda y más frecuente. Puede hablar.
Alto	› 119	Duro	Empieza a sudar en menos de 5 minutos. La respiración se vuelve profunda y rápida y le cuesta hablar excepto brevemente.

Comer para **controlar el peso**

Es fácil aumentar de peso cuando no se cuida lo que se come o cuando se deja de hacer ejercicio físico, pero es fantástico saber que las recetas del código dietético para Quemar le ayudarán a perder peso y ganar vitalidad mientras come platos deliciosos y sencillos de preparar. Si ya es una persona activa y desea estilizar su cuerpo, entonces todas las versiones de las recetas también le ayudarán a alcanzar sus objetivos.

Deshágase de la grasa, conserve el músculo

Evidentemente, al seguir un programa de control del peso, el objetivo consiste en perder peso, pero ¿debería ser la única cosa a tener en cuenta? Nosotros creemos que lo más importante debe ser la pérdida de grasa, no de peso (que incluiría tanto pérdida de grasa corporal como de masa muscular). Por eso, el objetivo de este plan consiste en maximizar la pérdida de grasas corporal y, al mismo tiempo, mantener la masa muscular. El tejido muscular es metabólicamente activo; por lo tanto, al concentrarnos en mantener una masa muscular constante, ayudamos al cuerpo a perder grasa porque limitamos la reducción de la tasa metabólica asociada con la pérdida de peso.

Opte por quemar

Para maximizar la pérdida de grasas corporal, principalmente deberá seguir la opción para

En Soulmatefood, cuando pensamos en la gestión del peso, se nos ocurren estos casos:

→ personas que pretenden perder grasa corporal para mejorar su salud

→ personas que buscan un cuerpo perfecto para lucir en la playa

→ personas que practican deportes de lucha categorizados por peso

→ atletas o deportistas que necesitan reducir su grasa corporal para alcanzar sus objetivos de composición corporal

Quemar de cada receta, y podrá disfrutar de alimentos deliciosos con la seguridad de que están diseñados para cumplir con su objetivo: adelgazar. El elevado contenido proteico de estas comidas le ayudará a mantener la masa muscular y a superar el hambre. El único momento en que debería pasar a la versión para Mantener de un plato es cuando participe en una actividad o ejercicio: entonces, coma un plato para Mantener 3-4 horas antes de la sesión de ejercicio para disponer de energía para la actividad.

Fijación de objetivos

El factor más importante para perder peso consiste en fijarse objetivos alcanzables a corto, medio y largo plazo. Si se fija metas inalcanzables y poco realistas, solo se conducirá al fracaso. Esta es nuestra cronología de objetivos:

Objetivo a corto plazo (objetivos semanales) propóngase perder 0,5-1 kg a la semana
Objetivo a medio plazo (en tres meses) propóngase perder 6,5 kg
Objetivo a largo plazo (en un año) propóngase perder 12-19 kg

Se han llevado a cabo multitud de estudios que demuestran que cuanto más lento sea el proceso de pérdida de peso, mayor es la cantidad de masa muscular que se conserva, de modo que esta es la mejor manera de adelgazar. Las variaciones para Quemar combinadas le ayudarán a comer unas 500 kcal por debajo de la ingesta recomendada de calorías al día. No se preocupe, no necesita contar calorías, nosotros lo hemos hecho por usted; pero básicamente siguiendo el código para Quemar comerá entre un 20-25 por ciento menos. De hecho, una manera fácil de dejar de ingerir 500 kcal al día sería evitar las grasas en productos industriales y los

Pérdida de peso *Un trabajador de oficina que entrena tres veces por semana*

	LUNES	MARTES	MIÉRCOLES	JUEVES	VIERNES	SÁBADO	DOMINGO
Entreno							
DESAYUNO	▽	▽	▽	▽	▽	▽	▽
Entreno							
TENTEMPIÉ	▽	▽	▽	▽	▽	▽	▽
Entreno							
ALMUERZO	◯	▽	▽	▽	◯	▽	▽
Entreno							
MERIENDA	◯	▽	▽	▽	◯	▽	▽
Entreno	▬		▬		▬		
CENA	▽	▽	▽	▽	▽	▽	▽

Adelgazamiento *Control de peso para un boxeador que entrena cinco días a la semana*

	LUNES	MARTES	MIÉRCOLES	JUEVES	VIERNES	SÁBADO	DOMINGO
Entreno	▬	▬	▬	▬	▬		
DESAYUNO	▽	▽	▽	▽	▽	▽	▽
Entreno							
TENTEMPIÉ	▽	▽	▽	▽	▽	▽	▽
Entreno							
ALMUERZO	◯	◯	▽	◯	◯	▽	▽
Entreno							
MERIENDA	◯	◯	▽	◯	◯	▽	▽
Entreno	▬	▬		▬	▬		
CENA	▽	▽	▽	▽	▽	▽	▽

INTENSIDAD DEL EJERCICIO: BAJA MEDIA ALTA

carbohidratos refinados, algo que va a hacer de todas formas con las recetas de Soulmatefood.

Cíñase al plan

No espere cambios de la noche a la mañana. Debe comprometerse y seguir el programa durante un tiempo. Por el contrario, es posible que suba a la báscula tras una semana siguiendo el último grito en dietas y constate una pérdida de peso sustancial. Pero lo que no le dice la báscula es que esta pérdida de peso consiste en gran medida en pérdida de líquidos y músculo, con poca reducción de la grasa corporal. Es más, las dietas milagro con el tiempo pueden reducir la tasa metabólica de reposo debido a su efecto de disminución de la masa muscular, lo cual es desfavorable a la hora de perder más peso. Aumente las probabilidades de seguir perdiendo peso con un objetivo de adelgazar 0,5-1 kg a la semana.

Registre sus progresos

Es buena idea contar con un registro tangible para anotar el progreso a lo largo de los meses; anote su peso semanalmente: pésese una vez a la semana a la misma hora el mismo día. Existen aplicaciones para este tipo de registro, pero con lápiz y papel se consigue igual.

Otra buena táctica consiste en hacerse fotografías cada semana; ¿por qué no convertir los lunes en el día de las fotos? Procure llevar siempre la misma ropa para la foto, de modo que se noten los cambios a simple vista. Sea consciente de que si ha iniciado un programa de ejercicio, cuando previamente seguía un estilo de vida sedentario, es posible que al principio aumente de peso debido al aumento de la masa de su recién ejercitada musculatura. Los cambios graduales casi no se perciben ante el espejo, pero al comparar las fotos semana a semana, y más adelante mes a mes, comprobará las enormes mejoras en su cuerpo. Estas mejoras le animarán y le darán confianza.

Sea realista

Sáltese la dieta un día. Sí, lo ha leído bien. Una comida fuera del programa –es decir una versión que no sea para Quemar (Mantener o Desarrollar, la que prefiera)– una vez a la semana dañará muy poco a largo plazo y sirve de buena recompensa para los hábitos saludables del resto de la semana.

Adelgazamiento especializado para ciertos deportes

Aunque la pérdida de grasa es preferible a la pérdida de peso, algunas personas, por ejemplo boxeadores que precisen llegar a un peso determinado en un momento determinado, pueden incluso precisar la reducción de masa muscular además de grasa. Si este es su caso, debería reducir la ingesta de proteína en un tercio y sustituirla por grasas o carbohidratos: seguirá necesitando consumir el mismo número de calorías, pero el número de proteínas será menor (un 25 por ciento menos). Como ni la grasa ni los carbohidratos tienen efecto en la tasa de síntesis proteica, esto significa que empezará a perder masa muscular si es necesario.

ALGUNAS INDICACIONES BÁSICAS

→ Elija las variaciones para Quemar de las recetas.

→ Reduzca la ingesta general de azúcar.

→ Reduzca la ingesta de carbohidratos y opte por alternativas de bajo IG si es posible.

→ Aumente la ingesta de proteínas: le ayudará a sentirse más lleno más tiempo y utilizará más calorías simplemente para digerir la comida.

→ Llénese de verduras y ensalada.

→ Procure disponer a mano de tentempiés saludables cuando salga para no comprar cualquier cosa cuando le entre el hambre.

→ Manténgase hidratado: procure beber al menos 2 litros de agua al día (a lo largo del día) y llevar la botella consigo en todo momento. La sed se confunde fácilmente con el hambre, de modo que no coma automáticamente cuando puede que solo tenga sed.

→ No tenga miedo de las grasas. Las grasas son vitales para muchas funciones metabólicas. Alimentos como los frutos secos, las semillas, el aceite de oliva virgen extra y el pescado azul son excelentes ejemplos de grasas que debe incluir en su dieta, simplemente hágalo con moderación.

Comer para **cuidar la salud**

Si es usted una persona moderadamente activa que desea mejorar su salud y vitalidad, y se propone hacerlo con la ayuda de la alimentación, siga leyendo. A continuación le indicamos qué alimentos son clave para conseguir su objetivo y le mostraremos cómo seguir el código dietético le pone en camino para sentirse fenomenal comiendo platos nutritivos y deliciosos.

No todo el mundo que quiere probar una nueva manera de comer desea perder peso o aumentarlo; la experiencia de Soulmatefood nos enseña que muchas personas pretenden mantener su peso pero comer de forma más saludable. En nuestra sociedad, muchas personas comen de manera saludable cuando se ponen a dieta, pero en cuanto alcanzan su peso meta, a pesar de pretender mantener su peso, a menudo, sin querer, comen de forma menos saludable (ahora han terminado la dieta y vuelven a sus antiguos hábitos, menos sanos), lo cual acaba provocando un nuevo aumento de peso. ¿Por qué ponerse a comer y beber porquerías tras un régimen saludable de «pérdida de peso»? Solo conseguirá recuperar peso. Al seguir las recetas del presente libro, podrá comer platos sabrosos y ricos en nutrientes siempre, cosa que le ayudará a mantener el nuevo peso sin caer en la «trampa de la dieta». Algún capricho merecido aquí y allá está permitido, no hay que obsesionarse, pero prestar un poco más de atención a los alimentos que tomamos puede ahorrar el reto y el inconveniente de intentar volver a perder peso en el futuro.

Coma carbohidratos con motivo

Como verá en muchos de los programas de dieta del presente libro, tomar hidratos de carbono es vital para mantener el peso corporal. Como norma, coma carbohidratos cuando vaya a realizar ejercicio físico y evítelos cuando no vaya a hacerlo. Esto no significa dejar de ingerirlos completamente cuando no se entrena, sino limitar su consumo a un puñadito en lugar de una buena ración (véase Enfoque visual de la alimentación, p. 36).

Y cuando tome carbohidratos, elíjalos de IG elevado (como las Galletas de avena, naranja y jengibre, p. 120, o el Crujiente de coco y chocolate, p. 66) cerca de los momentos de actividad, y de IG bajo en otras ocasiones (como quinoa, patatas, boniatos, arroz integral, lentejas, alubias y pasta integral; véase la p. 16); como la Parmigiana di melanzane (p. 176) o el Pollo al azafrán con arroz con bayas de agracejo y mutabal (p. 162). Al planificar las comidas, procure incluir ingredientes ricos en nutrientes: llene sus platos de hortalizas coloridas a diario, y acostúmbrese a tomar fruta, como plátanos, fresas o uvas pasas, como carburante para el ejercicio físico.

Fomente la inmunidad

Los alimentos poseen un enorme impacto en el sistema inmunitario y la salud global. Si tiende usted a caer enfermo o contagiarse de refriados y gripes, notará que al seguir uno de los códigos dietéticos su salud e inmunidad mejoran: ¡se acabaron los días de baja!

INVIERTA EN UNA BUENA CANTIMPLORA

Beber suficiente agua a lo largo del día es la mejor manera de mantener el organismo hidratado (véanse las pp. 22-25). Beba agua constantemente durante el día; tomar 500 ml de agua con las comidas no es la mejor estrategia. Acuérdese de beber periódicamente disponiendo de una botella de agua a mano en todo momento. En Soulmatefood, utilizamos cantimploras de 500 ml y las rellenamos al menos cuatro veces a lo largo del día, y tomamos otra entera por cada hora de ejercicio físico. Elija cantimploras transparentes para ver siempre lo que ha bebido.

Una persona activa que realiza varias actividades físicas, como yoga y zumba

	LUNES	MARTES	MIÉRCOLES	JUEVES	VIERNES	SÁBADO	DOMINGO
Entreno							
DESAYUNO	○	○	○	▽	△	○	▽
Entreno	▬				▬		
TENTEMPIÉ	○	○	○	▽	△	○	▽
Entreno							
ALMUERZO	○	○	○	▽	○	○	▽
Entreno				▬			
MERIENDA	○	○	△	▽	▽	▽	▽
Entreno		▬	▬				
CENA	○	○	△	▽	▽	▽	▽

Una persona activa que realiza ejercicios con pesas y corre

	LUNES	MARTES	MIÉRCOLES	JUEVES	VIERNES	SÁBADO	DOMINGO
Entreno							
DESAYUNO	○	○	△	○	○	○	▽
Entreno			▬				
TENTEMPIÉ	○	○	△	○	○	○	▽
Entreno							
ALMUERZO	○	○	○	▽	○	○	▽
Entreno							
MERIENDA	△	△	○	▽	△	△	▽
Entreno	▬	▬			▬	▬	
CENA	△	△	○	▽	△	△	▽

INTENSIDAD DEL EJERCICIO	BAJA	MEDIA	ALTA
	▬	▬	▬

LA BÁSCULA ES SU AMIGA

No le tenga miedo a la báscula, pues puede ayudarle a mantener la motivación. Si bien no debe pesarse a diario, pesarse una vez a la semana (a la misma hora del día, preferiblemente por la mañana, después de ir al baño y antes de beber ni comer nada) le ayudará a comprender cómo fluctúa de forma normal su peso corporal y le ayudará a detectar un patrón de descenso o ascenso. La teoría es simple: si pesa usted más que la semana pasada, reduzca un poco su consumo de alimentos; si pesa menos, entonces aumente la cantidad. El uso habitual de la báscula puede motivarle a realizar pequeños cambios con mayor frecuencia, en lugar de un gran cambio cuando lleva meses sin pesarse y se da cuenta de que está lejos de su objetivo.

Vale la pena comer más de las cinco raciones de fruta y verdura diarias recomendadas, ya que estudios recientes indican que podrían no ser suficientes. Tomar el complemento de vitaminas y minerales que contienen las frutas y hortalizas frescas está bien, pero asegúrese también de comer de todas las variedades (en cuanto a colores) y no se limite a su par de frutas o verduras preferidas. Las diferentes vitaminas y minerales que se hallan en la fruta y hortalizas son los que les otorgan el color, de modo que consumir muchos vegetales de color naranja (como pimientos naranjas y calabaza) le aportará una buena cantidad de betacaroteno, pero tal vez le falten hierro, calcio y vitamina K presentes en las hortalizas de hoja verde. Algunos alimentos, como la cebolla, el ajo y la miel, poseen propiedades antibacterianas que también podrían favorecer la disminución de tos y resfriados.

No se torture si comete una indiscreción

Es perfectamente aceptable que tome una comida de capricho de vez en cuando (véase la p. 46) o si le entra el hambre y no dispone de opciones saludables a mano. No se sienta mal ni se torture si esto ocurre ocasionalmente. Simplemente, compense con la comida siguiente tomando una opción con menos calorías o sin carbohidratos.

Mantener un peso corporal sano y comer bien es un tema de equilibrio; no se trata de contar calorías cada vez que tome algo. En resumen: si un día se pasa, coma menos el día siguiente.

Escuche a su cuerpo

Nuestros cuerpos saben decirnos qué necesitan y cuándo lo necesitan, por lo que es sensato escucharlos. Cuando sienta hambre, coma; cuando no esté hambriento, no coma. Pero siempre manténgase hidratado porque la deshidratación a veces se disfraza de hambre, lo cual nos hace comer cuando lo que el organismo precisa es beber.

ALGUNAS INDICACIONES BÁSICAS

→ Céntrese en las versiones para Mantener, y elija versiones para Desarrollar los días de entreno y para Quemar los días de descanso.

→ Procure comer más de las cinco raciones de fruta y verdura recomendadas, y opte por productos de todos los colores.

→ Tome carbohidratos de IG alto para disponer de energía cuando haga ejercicio y carbohidratos de IG bajo el resto de ocasiones.

→ Mantenga la hidratación: propóngase minimizar la deshidratación y asegúrese de rehidratarse adecuadamente después de la actividad.

Comer para
desarrollar el cuerpo

Si su propósito consiste en aumentar la fuerza o la musculatura de su cuerpo, entonces necesitará proteínas; siga leyendo para descubrir cómo la ingesta de alimentos ricos en proteínas le ayudará a incrementar la masa muscular. Estas proteínas combinadas con el consumo planificado de carbohidratos, un mayor contenido en grasas y un aumento global de las calorías alimentará el crecimiento muscular. A continuación, le enseñamos cómo maximizar este crecimiento.

El principal objetivo del desarrollo corporal es el aumento de la masa muscular. Con el fin de producir músculo, es necesario ingerir suficientes calorías para que el cuerpo posea energía suficiente de modo que esté listo para construir con las proteínas en lugar de descomponerlas. Como verá con el plan de alimentación (véase la página siguiente), cinco días de siete tomará las variaciones para Desarrollar de las recetas; los otros dos días complementará con opciones para Quemar y para Mantener, un día cada una.

Este enfoque proporciona lo que se conoce como balance positivo de nitrógeno mientras se reduce la ingesta de carbohidratos para limitar el almacenamiento de grasa corporal. Sin un balance positivo de nitrógeno, la masa muscular se descompone; incrementa la proteína y, por tanto, el nivel de aminoácidos aumenta el contenido de nitrógeno de la sangre, cosa que favorece la síntesis proteica.

Coma proteínas para desarrollar los músculos
Se ha demostrado que comer al menos cinco raciones de proteína al día, cada 3 o 4 horas, maximiza la síntesis proteica (producción de músculo); esta ingesta elevada de proteínas ayuda a mantener un balance positivo de nitrógeno y, por lo tanto, a maximizar la síntesis muscular.

O sea que uno pensaría que comer más proteína o comerla con mayor frecuencia acentuaría este efecto. Pero no, no es tan sencillo. Al parecer, la síntesis proteica óptima requiere alimentos proteicos seguidos de alimentos poco proteicos durante un espacio de tiempo y luego alimentos proteicos de nuevo. Los estudios realizados indican que cuando se ingieren proteínas a intervalos de 3-4 horas, el efecto es mucho mayor en cuanto a la musculatura producida, en comparación con la misma cantidad de proteína ingerida de forma continuada mediante gota a gota.

Acuérdese de cómo produce músculo el organismo, vea la página 14. Las investigaciones sugieren que los receptores mTOR se acostumbran al nivel constante de proteína, lo cual provoca su pérdida de sensibilización. Los estudios, pues, apoyan el hecho de que una gran ingesta de proteína cada 3-4 horas maximiza la síntesis proteica y ayuda a aumentar de peso en forma de músculo.

Tenga cuidado con los carbohidratos
Como hemos visto (véase también Comer para fortalecer, p. 53), se pueden ingerir más carbohidratos para ayudar a aumentar los niveles de glucógeno (energía almacenada) de los músculos, cosa que a su vez favorece la intensidad del entreno y permite aumentar el peso que se levanta, aportando más tensión al músculo para fomentar mayor crecimiento y adaptación. No obstante, cuando se aumenta el consumo de hidratos de carbono, hay que gestionar el efecto de la insulina en los niveles de azúcar en sangre.

En resumen, la insulina facilita que el azúcar abandone el torrente sanguíneo y llegue a las células del organismo, y permite su almacenamiento en forma de glucógeno (en los músculos y el hígado). Pero si hay demasiado azúcar, la insulina cambia el almacenamiento como glucógeno a almacenamiento en forma de grasas. Por tanto, hay que cuidar la ingesta de carbohidratos y elegir los de liberación lenta, IG bajo, como el arroz integral, el boniato y la avena. Dicho esto, es buena idea alimentar una sesión de entreno con un consumo de IG alto, como las Gachas con crujiente de manzana (p. 76) o el Risotto de queso de cabra con salmón ahumado y remolacha (p. 208) una hora antes del entreno además de 30 minutos después del mismo.

¿QUÉ PROTEÍNAS ELEGIR?

Cuando se pretende aumentar de volumen y producir masa muscular, conviene saber qué fuentes de proteína funcionarán mejor. Cuando los nutricionistas hablan de proteínas, suelen referirse a proteínas de liberación lenta y liberación rápida; es algo parecido al índice glucémico (o IG) en el caso de los carbohidratos. Algunas proteínas se digieren rápidamente, de modo que liberan sus aminoácidos más deprisa para que se conviertan en futura proteína muscular.

Proteínas de liberación lenta Caseína (disponible en polvo para su liberación rápida, ya que no precisa demasiada digestión) y carnes.

Proteínas de liberación rápida Suero de leche y soja (de nuevo, en polvo se liberan rápidamente porque no precisan demasiada digestión).

Pero no se trata solo de ingerir proteínas de liberación rápida siempre, hay que escalonar la ingesta de proteínas a lo largo del día mediante una variedad de fuentes de proteínas. Las proteínas de liberación rápida son buenas para la recuperación del entreno, pero no podemos alimentarnos todo el día con proteínas en polvo. Lo mejor es obtener la proteína de diversas fuentes para garantizar que se obtienen vitaminas y minerales además de proteínas; por ejemplo, ácidos grasos omega 3 del pescado azul o hierro y cinc de la carne roja.

Musculación, entreno cuatro días a la semana con una sesión de entrenamiento a intervalos de alta intensidad (HIIT)

	LUNES	MARTES	MIÉRCOLES	JUEVES	VIERNES	SÁBADO	DOMINGO
Entreno							
DESAYUNO	△	△	○	△	△	△	▽
Entreno							
TENTEMPIÉ	△	△	○	△	△	△	▽
Entreno						▬	
ALMUERZO	△	△	○	△	△	△	▽
Entreno							
MERIENDA	△	△	○	△	△	△	▽
Entreno	▬	▬		▬	▬		
CENA	△	△	○	△	△	△	▽

INTENSIDAD DEL EJERCICIO	BAJA	MEDIA	ALTA
	▬	▬	▬

Acumule solo músculo

Para alimentar el crecimiento muscular deberá usted consumir más calorías de las que queme (véase la p. 20). No obstante, esto puede provocar un efecto negativo: la posibilidad de aumentar la grasa corporal. La mayoría de personas que ganan masa muscular también ganan grasa. Para evitar que esto suceda, recomendamos un día de menos ingesta, una vez a la semana, durante el cual tome usted platos para Quemar, en uno de los días sin entreno.

Este día bajo en carbohidratos puede ayudar a aumentar el gasto de grasa en un día para que su cintura no crezca más que sus músculos. Este día bajo en carbohidratos también le ayudará a aprovechar mejor los hidratos de carbono cuando los reincorpore a la dieta en forma de comidas ricas en carbohidratos los días de entreno.

Es más, esta técnica le ayudará a garantizar que dispone de suficiente carburante para las sesiones de entreno pero favorecerá la reducción de la cantidad de grasa almacenada los días de descanso. La mayor parte de carbohidratos que coma se emplearán para el entreno; cuando coma después, los carbohidratos se incorporarán a los músculos en lugar de almacenarse en forma de grasa.

BEBIDAS CALÓRICAS: BATIDOS

Si pretende aumentar la masa muscular o el peso corporal y ya toma abundantes platos y tentempiés para Desarrollar pero sigue sin progresar, entonces es hora de sacar la batidora. Las calorías se pueden beber: eche una ojeada a las recetas de batidos (pp. 222-236) y añada una cucharada de proteína de suero de leche sin sabor o caseína en polvo natural o con sabor si precisa más proteínas. Además de divertirse en la cocina y consumir frutas o verduras que empiezan a estropearse, estos batidos aglutinan calorías y le ayudarán a aumentar de peso.

ALGUNAS INDICACIONES BÁSICAS

→ Céntrese en las versiones para Desarrollar de las recetas, y elija versiones para Mantener un día de descanso y platos para Quemar el otro día de descanso.

→ Coma tentempiés para Desarrollar y platos para Desarrollar una hora antes y hasta 30 minutos después del entreno.

→ Tome batidos para ingerir suficientes calorías.

→ Mantenga la hidratación: propóngase minimizar la deshidratación y asegúrese de rehidratarse adecuadamente después de cada actividad. Solo deben consumirse bebidas con carbohidratos antes, durante y después de sesiones o partidos muy duros, de lo contrario, limítese a beber agua con electrolitos cuando el entreno sea ligero o moderado.

Comer para **fortalecer**

Cuando hablamos de fortalecimiento, lo que queremos decir es preparar el cuerpo para la resistencia. Tanto si se está usted planteando el reto de correr su primer maratón, se ha aficionado a los triatlones o a las carreras de bicicleta de carretera o se ha apuntado a una carrera de obstáculos o prueba de resistencia, aquí hallará abundantes consejos para alimentarse para este tipo de ejercicio físico.

El carburante adecuado

Sea cual sea la modalidad de resistencia que esté preparando, los principios nutricionales básicos son los mismos: maximizar la cantidad de glucógeno muscular (véase la p. 17) para alimentar el entreno y el rendimiento el día de la prueba.

En Soulmatefood, comprendemos que personas de toda procedencia participan en todo tipo de pruebas de resistencia –desde una persona que trabaja en una oficina y entrena tres o cuatro veces por semana hasta atletas de élite que entrenan más de 6 horas al día, por lo que las recomendaciones específicas variarán (véase la p. 55). No obstante, si se está preparando o participa en estos acontecimientos debería seguir las versiones para Desarrollar de las recetas la mayoría de las veces, y optar por versiones para Mantener ocasionalmente, cuando no entrene. Para seguir con los ejemplos anteriores, debería usted tomar platos para Desarrollar en cada comida, mientras que si es oficinista deberá elegir comidas para Mantener cuando no entrene y optar por platos para Desarrollar 4 horas antes del entreno, un tentempié para Desarrollar una hora antes del entreno y una comida para Desarrollar en cuanto pueda tras el entreno.

La salud de los huesos

Otro factor importante a tener en cuenta en las actividades de resistencia es la salud ósea. Para mantener los huesos fuertes y con una densidad mineral sana (véase la p. 21), es necesario ser capaz de sostener el propio peso durante el ejercicio. Por tanto, para explicar los riesgos potenciales de los que hay que ser consciente, hemos dividido los tipos de deporte de resistencia en dos categorías: con carga y sin carga.

Los deportes con carga, como correr largas distancias, ejercen tensión en los huesos debido al elevado impacto y naturaleza repetitiva de la pisada. Con el tiempo, si no se toman medidas para proteger los huesos se puede acabar con fracturas por estrés en el interior del hueso.

Los deportes sin carga mecánica, como el ciclismo o la natación, presentan otro problema para la salud ósea, ya que no fomentan la densidad ósea y se puede acabar con una densidad reducida, conocida como osteopenia (véase la p. 21). La osteopenia se define como densidad mineral ósea baja y es el paso previo a la osteoporosis. En un estudio, se detectó que dos tercios de los ciclistas profesionales observados presentaban osteopenia. Para compensar los efectos negativos de los deportes con ausencia de carga en la salud de los huesos, procure incluir algún ejercicio como la carrera o el entrenamiento de la resistencia al menos una vez por semana.

Huesos fuertes y sanos

Entonces, ¿cómo proteger los huesos y garantizar una densidad ósea óptima? Los dos micronutrientes principales para la salud ósea son el calcio y la vitamina D, de modo que el primer paso hacia una buena salud ósea consiste en

5 BUENAS FUENTES DE CALCIO NO LÁCTEAS

Col verde – 205 mg cada 100 g

Espinacas – 153 mg cada 100 g

Garbanzos – 105 mg cada 100 g

Semillas de sésamo – 95 mg cada 100 g

Semillas de chía – 69 mg cada 100 g

ACOPIO DE CARBOHIDRATOS ANTES DE UNA PRUEBA

La semana previa a un evento deportivo, disminuya la ingesta de hidratos de carbono cinco días antes de la competición pero mantenga los niveles de entreno. Los días siguientes reduzca paulatinamente el consumo de carbohidratos hasta no tomarlos en absoluto al tercer día. Esta combinación de entreno con ingesta reducida de carbohidratos consumirá las reservas de glucógeno de músculos e hígado. Apurar las reservas de energía antes de una prueba puede parecer raro pero este agotamiento fomenta una subida del almacenamiento de glucógeno antes de la prueba. Por tanto, los próximos dos días (los dos días antes del evento) puede literalmente comer tantos hidratos de carbono como pueda (vea ejemplos en la p. 56). Acumularlos de esta manera favorece el almacenamiento de glucógeno en los músculos y el hígado. Al haber agotado el glucógeno de los músculos en los días anteriores, estarán mucho más receptivos al influjo de carbohidratos, y como resultado, sobrecompensarán y almacenarán mucho más glucógeno del que habrían acumulado sin su previo agotamiento.

seguir una dieta con abundantes alimentos ricos en estos elementos. El grupo evidente de alimentos ricos en calcio es el formado por los lácteos, como la leche, el queso y el yogur, pero no pase por alto otras fuentes de calcio no lácteas (véase el recuadro de la p. 53). Las recetas con ingredientes que fortalecen los huesos incluyen el Crema de yogur «After Eight» (p. 72), el Yogur de vainilla con granola y bayas (p. 62) y la Salsa de col verde para picar con guisantes mollares (p. 106).

La vitamina D es también vital para unos huesos sanos porque interviene en la absorción del calcio. Como el 90 por ciento de la vitamina D del organismo se genera a partir de la luz solar, la mayoría de personas deberían presentar niveles adecuados de esta en los meses estivales, pero en invierno, cuando los rayos solares son más débiles y exponemos menos piel a la luz del sol, puede ser buena idea tomar un suplemento de vitamina D; pregunte al médico antes de decidirlo. Se puede obtener vitamina D de algunos alimentos, como los huevos y el pescado azul, pero no es suficiente para tener unos huesos sanos.

Afinar el régimen de hidratación y energía

Durante el entreno es difícil evitar la deshidratación completamente, ya que es poco probable beber al mismo ritmo que se suda; durante las competiciones es probable que existan más ocasiones para beber (estaciones de avituallamiento). Acuérdese de las recomendaciones en cuanto a la hidratación (pp. 22-25) para minimizar la deshidratación y maximizar la rehidratación posterior.

Cuando se trata de alimentar al cuerpo para entrenar o rendir en un evento deportivo, necesitará consumir suficientes carbohidratos para mantener las reservas de energía y reducir las posibilidades de pájara. El cuerpo es capaz de almacenar suficiente glucógeno en los músculos (los individuos intensamente entrenados pueden acumular más) para contar con energía para unas

Un competidor de carreras de obstáculos y resistencia que realiza dos sesiones de entreno de fuerza y dos sesiones de entreno de resistencia a la semana, además de un evento el fin de semana

	LUNES	MARTES	MIÉRCOLES	JUEVES	VIERNES	SÁBADO	DOMINGO
Entreno							
DESAYUNO	◯	◯	▽	◯	◯	◯	▽
Entreno							
TENTEMPIÉ	◯	◯	▽	◯	◯	△	▽
Entreno						▬	
ALMUERZO	△	△	▽	△	△	◯	▽
Entreno							
MERIENDA	△	△	▽	△	△	◯	▽
Entreno	▬	▬		▬	▬		
CENA	△	△	▽	△	△	◯	▽

Un corredor de élite que entrena dos veces al día casi todos los días y descansa un día

	LUNES	MARTES	MIÉRCOLES	JUEVES	VIERNES	SÁBADO	DOMINGO
Entreno							
DESAYUNO	△	△	▽	△	△	◯	▽
Entreno	▬	▬		▬	▬	▬	▬
TENTEMPIÉ	△	△	▽	△	△	◯	▽
Entreno							
ALMUERZO	△	△	▽	△	△	◯	▽
Entreno							
MERIENDA	△	△	▽	△	△	◯	▽
Entreno	▬	▬		▬	▬		
CENA	△	△	▽	△	△	◯	▽

INTENSIDAD DEL EJERCICIO: BAJA — MEDIA — ALTA

5 BUENAS FUENTES DE CARBOHIDRATOS

1 Arroz integral
2 Quinoa
3 Pasta integral
4 Garbanzos
5 Lentejas

Cuando se hace acopio de carbohidratos, todavía se pueden elegir platos como la Ensalada de pasta con queso halloumi (p. 214) o el Gulasch húngaro de ternera con arroz (p. 187), pero sin incluir el ingrediente proteico (es decir, el queso o la ternera) para poder ingerir todos los carbohidratos posibles.

2 horas de ejercicio físico. Cuando se agota esta reserva de energía, el cuerpo recurre a la grasa como fuente de carburante, cosa que no es agradable cuando se está participando en una prueba: hay quien dice que parece que las piernas se les aflojan, que el cerebro les pide que se paren y que notan el cuerpo pesado. Por eso va bien usar una bebida deportiva a base de carbohidratos para reponer el glucógeno y líquidos perdidos durante el esfuerzo. La manera más fácil de hacerlo y «matar dos pájaras de un tiro» consiste en tomar una bebida que contenga 30-40 g de carbohidratos por cada 500 ml. La bebida debería contener además electrolitos para favorecer la hidratación (esto es especialmente importante cuando hace calor), por tanto busque sodio, magnesio, potasio y calcio entre los ingredientes. Disponga de geles de energía de liberación rápida a mano para reponer energía durante la prueba.

Del mismo modo que no se calzaría unas zapatillas nuevas para correr un maratón, no debería cambiar lo que bebe o come el día de la prueba: no adopte nuevas estrategias, acostúmbrese a ellas antes, durante los entrenos y cuando sepa que le funcionan, puede aplicarlas el día del evento.

Probar nuevas estrategias para obtener carbohidratos (no debe confundirse con el acopio de carbohidratos, véase la p. 54) en una competición puede provocar dolor de estómago e incluso mareos si no se es capaz de asimilar la ingesta de carbohidratos: es lo que se conoce como malestar gastrointestinal (véase la p. 21).

Recuperación posterior

Después de entrenar o competir en una prueba de resistencia, es de vital importancia reponer los carbohidratos utilizados porque las reservas se habrán agotado. Procure tomar una comida para Desarrollar rica en carbohidratos, como dicha variación de la Parmigiana di melanzane (p. 176) durante los 30 minutos siguientes al entreno, ya que los músculos estarán ahora más receptivos y capaces de almacenar más glucógeno. Si esto no es posible, opte por un tentempié para Desarrollar, como la Barrita energética definitiva (p. 123) y luego ingiera una comida de la misma variación. Los tentempiés para Desarrollar también contienen una buena cantidad de proteína para facilitar la recuperación muscular.

ALGUNAS INDICACIONES BÁSICAS

→ Céntrese en las versiones para Desarrollar y para Mantener, y elija versiones para Quemar los días de descanso; esta estrategia le ayudará a controlar el nivel de grasa corporal y favorecerá la buena utilización de los carbohidratos cuando consuma platos para Desarrollar o para Mantener.

→ Coma un plato para Desarrollar 4 horas antes, un tentempié para Desarrollar una hora antes y un plato para Desarrollar (o un tentempié si no es posible una comida) justo después del entreno.

→ Asegúrese de que ingiere abundantes alimentos ricos en calcio cada día (véase la p. 53).

→ Siga una estrategia de acopio de carbohidratos (véase la p. 54) para maximizar el rendimiento.

→ Mantenga la hidratación: propóngase minimizar la deshidratación y asegúrese de rehidratarse adecuadamente después de cada actividad. Solo deben consumirse bebidas con carbohidratos antes, durante y después de sesiones muy duras, de lo contrario, limítese a beber agua con electrolitos cuando el entreno sea ligero o moderado. Procure beber 500 ml de líquido cada hora mientras entrena, más si hace calor (véanse las pp. 22-25).

Comer para **jugar en equipo**

Tanto si le encanta jugar a hockey, fútbol, rugby o baloncesto, como si forma parte de un equipo deportivo usted necesita disponer de energía para los entrenos y partidos y al mismo tiempo mantener un buen nivel de grasa corporal. Aprenda cuándo debe tomar carbohidratos y cuándo no tomarlos, ya que son la clave para llegar a ser el mejor jugador en equipo, en cuanto al rendimiento se refiere.

En la mayoría de equipos deportivos, se disputa un partido semanal y se realizan sesiones de entreno entre partidos. Para que el cuerpo esté en la mejor forma posible para rendir hasta que suene el silbato que indica el final del partido, deberá aprender cuántos carbohidratos ingerir y consumirlos solo determinados días de la semana. Pero no se preocupe, le explicamos bien cómo hacerlo.

Nutrición previa al partido

Como ocurre con otros deportes, los deportistas que forman parte de un equipo pueden variar desde un jugador de liga de fin de semana que juega un partido a la semana y entrena una vez a la semana, hasta los profesionales que juegan una o dos veces por semana y entrenan hasta 3 horas al día, tres o cuatro veces por semana. Por tanto, según donde se encuentre usted en dicho espectro, deberá adaptar lo que come a su horario de partidos y entrenos en función del nivel en que compita. La hidratación es vital, de modo que debe recordar la cantidad a beber y cada cuánto tiempo (véanse las pp. 22-25).

La ingesta de hidratos de carbono desempeña un papel esencial y hallar el equilibrio entre un exceso y un defecto y reconocer el momento adecuado o equivocado para tomarlos es esencial. Al comienzo de la semana, debe tener cuidado y procurar que el consumo de carbohidratos sea suficiente simplemente para cubrir el gasto del entreno (o incluso quedar un poco por debajo). Cuando se aproxime el fin de semana, deberá aumentar las raciones de carbohidratos dos días antes del partido; por ejemplo, si juega el sábado, tome carbohidratos el viernes y el sábado por la mañana (véase la p. 59).

EL DÍA DEL PARTIDO

→ Tome las versiones para Desarrollar de comidas y tentempiés para favorecer el consumo de carbohidratos: son platos indicados el Tayín de ternera y verduras con «cuscús» de coliflor (p. 184) o el Pollo con pesto y nata (p. 153).
→ Elija platos con IG bajo, formas de carbohidratos de liberación lenta, como arroz integral, quinoa, cuscús, boniato, pasta integral y avena. Pruebe la receta de Causa santa rosa (p. 203).
→ Incluya abundancia de verduras con fibra, como coliflor, col verde, brócoli y col, en sus platos.

SÁQUESE EL MÁXIMO PROVECHO

Las sustancias químicas que contiene la remolacha, conocidas como nitratos dietéticos, pueden ensanchar (dilatar) temporalmente los vasos sanguíneos, lo cual favorece el uso más eficiente del oxígeno y ello mejora el rendimiento. Acompañe el desayuno de los dos días anteriores y la mañana del día del partido de un vaso de zumo con remolacha (véanse las pp. 229-233) o de un chupito de zumo concentrado de remolacha para beneficiarse de sus cualidades vasodilatadoras. Si no le gusta el sabor de la remolacha, puede añadir el chupito a una de las recetas de batido (pp. 222-236) para obtener los beneficios sin notar el sabor.

Jugador en equipo aficionado que entrena una vez a la semana, realiza una sesión de gimnasia a la semana y juega un partido el domingo

	LUNES	MARTES	MIÉRCOLES	JUEVES	VIERNES	SÁBADO	DOMINGO
Entreno							
DESAYUNO	▽	▽	▽	▽	▽	△	△
Entreno							
TENTEMPIÉ	▽	▽	▽	▽	▽	△	△
Entreno							▬
ALMUERZO	▽	▽	○	△	▽	△	△
Entreno							
MERIENDA	▽	▽	○	△	▽	△	△
Entreno			▬	▬			
CENA	▽	▽	○	△	▽	△	○

Jugador de equipo profesional que entrena cuatro veces por semana y disputa partido los sábados

	LUNES	MARTES	MIÉRCOLES	JUEVES	VIERNES	SÁBADO	DOMINGO
Entreno							
DESAYUNO	○	○	△	▽	△	△	▽
Entreno							
TENTEMPIÉ	○	○	△	▽	△	△	▽
Entreno	▬	▬	▬		▬		
ALMUERZO	○	○	△	▽	△	△	▽
Entreno						▬	
MERIENDA	▽	▽	▽	▽	△	△	▽
Entreno							
CENA	▽	▽	▽	▽	△	△	▽

INTENSIDAD DEL EJERCICIO	BAJA	MEDIA	ALTA
	▬	▬	▬

Nutrición para el día del partido

Estas estrategias sirven para cualquier deporte de equipo, aunque nos basamos en un jugador de fútbol aficionado típico. Estas pautas le ayudarán a maximizar las reservas de energía (glucógeno) en los músculos y el hígado para aguantar 90 minutos de partido, hasta el silbido final. El horario indicado en el ejemplo se basa en un partido que empieza a las 15 horas, adapte por tanto el horario, según sea necesario, en consonancia con la fluctuación de su partido.

Desayuno Haga acopio de carbohidratos y opte por la versión para Desarrollar de una receta de desayuno, como una de las que incluyen yogur (pp. 71, 72 y 75) o si dispone de tiempo cocine un desayuno. Y para obtener más energía para después, añada un batido (véanse las pp. 222-236): es una manera fácil de incrementar los carbohidratos.

3 horas antes Tome una comida para Desarrollar a base de carbohidratos de IG bajo y liberación lenta, como dichas versiones de la receta Rasam de Kerala (p. 160) o el Pollo al azafrán con arroz con bayas de agracejo y mutabal (p. 162).

45 minutos antes Aumente el nivel de azúcar en sangre con un tentempié para Desarrollar rico en carbohidratos y de IG elevado, como las Magdalenas de violeta y frambuesa (p. 118) o las Galletas de avena, naranja y jengibre (p. 120).

En el descanso Tome una bebida isotónica a base de carbohidratos para reponer glucógeno y líquidos perdidos durante el partido. La manera más fácil es recurrir a una bebida isotónica con 30-40 g de carbohidratos por cada 500 ml. La bebida debería contener además electrolitos para favorecer la hidratación; tome una con sodio, magnesio, potasio y calcio. No coma nada más ya que podría provocarle malestar gastrointestinal (véase la p. 21) cuando se retome el partido; si puede tome geles energéticos de fácil digestión.

Después del partido Necesitará rehidratarse y comer bien en cuanto le sea posible, una vez terminado el partido. Es aconsejable dejar medio preparada la comida de antemano: elija una receta para Desarrollar que resulte idónea para llevar, como la Ensalada tibia de feta, pavo y lentejas (p. 172). Como tentempiés, son indicados las Magdalenas proteicas de pesto y polenta (p. 119) o los Bocados de jengibre (p. 112). Si le cuesta comer después del esfuerzo, prepárese un Batido (pp. 226, 229 y 236), y añádale proteína de suero de leche para favorecer la recuperación.

ALGUNAS INDICACIONES BÁSICAS

→ Céntrese en las versiones para Quemar de las recetas, y elija versiones para Mantener los días de entreno, y versiones para Desarrollar antes y después de los partidos. (Los jugadores profesionales gastan mucha más energía que los aficionados de modo que necesitan platos para Mantener el resto de los días para conservar las reservas de carbohidratos.)

→ Coma un plato para Desarrollar 3 horas antes y 45 minutos antes de un partido.

→ Mantenga la hidratación: propóngase minimizar la deshidratación y asegúrese de rehidratarse adecuadamente después de cada actividad. Solo deben consumirse bebidas con carbohidratos antes, durante y después de sesiones o partidos muy duros, de lo contrario, limítese a beber agua con electrolitos cuando el entreno sea ligero o moderado.

DESAYUNOS

Yogur de vainilla con granola y bayas

Desayuno fantástico para empezar el día. Si no dispone de tiempo por la mañana, prepare una tanda de granola y consérvela en un recipiente hermético (hasta unas dos semanas), el resto es cuestión de minutos.

Salud Las bayas rojas y moradas son una rica fuente de antocianinas, sustancias químicas que pueden ayudar a invertir el deterioro mental.

Deporte Las antocianinas también ayudan a reducir el dolor muscular, favoreciendo la recuperación tras una sesión de entreno particularmente intensa.

4 RACIONES

PARA LA GRANOLA:

150 g de copos de avena

50 g de sirope de agave

5 cucharaditas de aceite de girasol

25 g de semillas de girasol

25 g de semillas de calabaza

25 g de coco en láminas

½ cucharadita de canela en polvo

PARA EL YOGUR DE VAINILLA:

250 g de yogur griego

50 g de miel

semillas de 1 vaina de vainilla

PARA LAS BAYAS:

50 g de moras

50 g de arándanos

50 g de frambuesas

50 g de bayas goji

Precaliente el horno a 180 °C / gas potencia 4 y necesitará una bandeja de horno.

Mezcle la avena con el sirope de agave y el aceite de girasol y hornee en la bandeja 10 minutos hasta que se dore. Incorpore las semillas de girasol y calabaza, el coco y la canela y hornee 5 minutos más.

En un cuenco, vierta el yogur y mézclelo con la miel y las semillas de vainilla.

Reparta las bayas en 4 cuencos, cubra con el yogur y espolvoree con la granola.

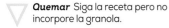 **Quemar** Siga la receta pero no incorpore la granola.

 Desarrollar Siga la receta y añada más semillas de girasol y arándanos rojos secos (20 g de cada por ración) a la granola.

Crujiente de coco y chocolate

Tendrá que guardar estos cereales en el estante de más arriba o se peleará por ellos con los niños.

Salud Estos cereales tienen doble ventaja porque son bajos en colesterol y de bajo IG.

Consejo Este versátil crujiente puede disfrutarse con yogur, helado o solo como tentempié.

PARA LA BASE DE CEREAL (8 RACIONES):

- 100 g de miel
- 60 g de azúcar de coco
- 12 g de cacao en polvo
- 30 g de coco deshidratado (seco y sin endulzar)
- 100 g de orejones
- 20 g de harina de coco
- 100 g de arroz hinchado sin endulzar

PARA LA LECHE A LA VAINILLA:

- 25 g de proteína de suero de leche sabor vainilla
- 120 ml de leche semidesnatada
- 75 g de arándanos, para servir

Precaliente el horno a 130 °C / gas potencia ½ y necesitará una bandeja de horno. En una sartén grande, derrita la miel y el azúcar con el cacao. Lleve a ebullición y deje cocer 4 minutos, removiendo constantemente. Retire del fuego y agregue el coco, los orejones troceados y la harina, con una cuchara de madera remueva bien. Mientras la mezcla está caliente, incorpore el arroz hinchado hasta que quede bien impregnado.

Precisará 2 hojas de papel vegetal. Ponga 1 sobre la superficie de trabajo y vierta encima la mezcla. Ponga la otra encima y allane con el rodillo hasta obtener una masa de 5-6 mm de grosor. Pase la mezcla en sándwich a la bandeja de horno y retire el papel superior. Hornee 50-60 minutos. Meta un platito en el frigorífico.

Compruebe el resultado pasados 50 minutos rompiendo un trocito y poniéndolo en el platito frío en el frigorífico unos minutos. Pruébelo; debería estar crujiente. Si está blando, vuelva a meterlo en el horno un poco más. Cuando esté a punto, retírelo del horno y déjelo enfriar.

Mezcle la proreina de suero de leche con la leche en la batidora. Rompa la placa de cereal en trocitos. Para servir una ración, disponga 40 g en un bol y cubra con los arándanos y la leche a la vainilla. Guarde el resto en un recipiente hermético, donde se conservará 2-3 semanas.

▽ **Quemar** Esta receta encaja en la categoría 80/20 (p. 10).

△ **Desarrollar** Añada un plátano en rodajas y 15 g de avellanas por ración.

Galletas de alforfón y jarabe de arce

Estas galletas de fácil preparación se conservan hasta dos semanas y son ideales como tentempié rápido. Aquí se presentan con arándanos frescos y yogur, un delicioso desayuno de estilo neoyorquino.

Salud El alforfón es fuente de proteína vegetariana por su completo contenido de aminoácidos, y no contiene trigo (a pesar de llamarse también trigo sarraceno).

Deporte Las antocianinas de las fresas pueden actuar como potentes antioxidantes para combatir el estrés oxidativo causado por el ejercicio.

10 RACIONES

- 120 g de jarabe de arce
- 150 g de semillas enteras de alforfón
- 100 g de nueces pacanas, troceadas
- 60 g de copos de quinoa

Precaliente el horno a 120 °C / gas potencia ½. Forre una bandeja de horno con papel vegetal. En un cacito lleve el jarabe de arce a ebullición y deje cocer y reducir un tercio. Con la batidora, triture 50 g de alforfón hasta obtener una textura algo gruesa. Ponga el resto del alforfón con el resto de ingredientes en un cuenco y cubra con el jarabe de arce reducido.

Pase la mezcla a la bandeja preparada y allane la superficie un poco –debe tener un grosor aproximado de 1-1,5 cm–. Hornee una hora o hasta que quede bien seco. Saque del horno y deje templar; rompa en trozos pequeños y guarde en un recipiente hermético. Para servir una ración, prepare 40 g en un bol, con 120 g de yogur griego y 60 g de fresas.

▽ △ **Quemar y Desarrollar** Tamaño de las raciones:
Quemar 30 g
Desarrollar 50 g

Crujiente de coco y chocolate

Galletas de alforfón y jarabe de arce

Copa de barrita de avena con miel especiada

Este desayuno dulce y rico en proteínas es perfecto para mañanas atareadas que requieren energía. Esta copa puede incluso prepararse la vigilia para llevársela como desayuno nutritivo.

Salud La avena y los higos, ricos en fibra, hacen que este desayuno sea una maravilla para el sistema digestivo.

Deporte Si entrena por la mañana y necesita carbohidratos, opte por este desayuno, que le ayudará a sobrellevar la actividad o repondrá sus reservas de energía tras el entreno matinal.

2 RACIONES

PARA LA BARRA DE AVENA:

375 g de miel

375 g de mantequilla fácil de untar ligera

600 g de copos de avena

30 de proteína de suero de leche sin sabor

¾ de cucharadita de canela en polvo

¾ de cucharadita de pimienta de Jamaica en polvo

PARA LA FRUTA:

1 mango pequeño

2 higos

40 g de moras

40 g de arándanos

PARA EL YOGUR CON MIEL:

200 g de yogur griego

2 cucharaditas de miel

Precaliente el horno a 160 °C / gas potencia 2 ½ y forre una bandeja de horno con papel vegetal.

Derrita la miel con la mantequilla en un cazo grande a fuego bajo. Retire del fuego y añada la avena, la proteína de suero de leche y las especias, y remueva bien con una cuchara de madera.

Pase la mezcla sobre la bandeja preparada y hornee 20-25 minutos hasta que se dore. Saque del horno y deje templar.

Cuando se enfríe, pase la galleta a una tabla de cortar y divídala en 15 barritas (cada una debería pesar unos 80 g). Una barrita equivale a una ración como tentempié. Se conservan hasta una semana en un recipiente hermético.

A continuación, prepare la fruta. Pele el mango, retire el hueso y córtelo en daditos. Corte los higos en cuartos.

Prepare el yogur con miel mezclando ambos ingredientes.

Para montar, corte un trozo de galleta en daditos. En dos copas, forme varias capas de yogur, fruta y galleta, y acabe con el higo.

▽ **Quemar** En lugar de la barrita de avena, utilice 15 g de nueces pacanas por ración.

△ **Desarrollar** Aumente la ración de barrita a 110 g y sirva con 15 g de su fruta seca preferida.

Crema de yogur con tarta de queso y fresas

¿Tarta de queso... para desayunar? Eso es, hemos combinado los sabores del clásico postre con la funcionalidad de un desayuno caprichoso que le proporcionará energía para las actividades de la mañana.

Deporte Una de las recetas favoritas del equipo de boxeo británico Team GB, que toman en el desayuno para aguantar las sesiones de entreno matinales o como tentempié después para recuperarse.

Consejo ¿Por qué no preparar la base de yogur y experimentar con ella con diferentes sabores? Si le sale una buena combinación, compártala con los amigos y con nosotros.

2 RACIONES

PARA LA CREMA DE YOGUR:

90 g de copos de avena

140 ml de zumo de manzana

65 g de yogur natural

PARA LA GRANOLA:

85 g de sirope de agave

⅓ de cucharadita de canela en polvo

200 g de copos de avena

PARA LA COMPOTA:

170 g de fresas

20 g de sirope de agave

PARA LA CREMA DE QUESO:

50 g de fresas

1 ½ cucharaditas de sirope de agave

60 g de requesón

Primero, prepare la crema de yogur. Mezcle la avena, el zumo de manzana y el yogur en un bol, luego déjelo en el frigorífico al menos 2 horas (lo ideal es hacer este paso el día antes).

A continuación, prepare la granola. Precaliente el horno a 180 °C / gas potencia 4. Mezcle bien todos los ingredientes, luego pase la mezcla a una bandeja antiadherente o forrada con papel vegetal. Hornee 10-12 minutos hasta que se dore. Saque del horno, deje templar y reserve. La granola se conserva 2 semanas en un recipiente hermético.

Para la compota, chafe las fresas con un tenedor y dispóngalas en un cazo con el sirope de agave. Lleve a ebullición a fuego medio, removiendo constantemente hasta que empiece a espesar: unos 2-3 minutos. Entonces, páselo a un recipiente pequeño y refrigere.

Para terminar, prepare la crema de queso. Ponga los ingredientes en la batidora y triture hasta que quede una mezcla suave. Reserve.

Para montar, ponga 60 g de granola en el fondo de 2 vasos (30 g en cada uno). A continuación, disponga la mitad de la crema de yogur en cada bol, y luego la mitad de la crema de queso para terminar con la compota, que también puede servir a parte. ¡Buen provecho!

Quemar Sustituya la avena, el zumo de manzana y el yogur por 150 g de yogur griego desnatado endulzado con 15 g de miel. Utilice esta mezcla para sustituir la crema de yogur y disponga en capas con el resto de ingredientes como se indica en la receta.

Mantener Disminuya las cantidades para la mezcla de yogur a 70 g de avena, 125 ml de zumo de manzana y 55 g de yogur.

Crema de yogur «After Eight»

Empiece el día con un capricho extremadamente nutritivo. Pensado para los golosos, este desayuno a base de avena es nuestra versión de una combinación clásica de sabores y proporciona una buena dosis de chocolate.

Salud Este desayuno es rico en polifenoles (en el chocolate negro), que combaten el estrés oxidativo y favorecen la salud cardíaca.

Deporte También es un excelente tentempié de IG bajo. Prepare una tanda y consérvelo en el frigorífico hasta un par de días; tómelo para recuperarse de los entrenos.

2 RACIONES

PARA LA CREMA DE YOGUR:

185 g de copos de avena

280 ml de zumo de manzana

130 g de yogur natural

PARA LOS FRUTOS SECOS:

50 g de avellanas

30 g de chocolate negro (mínimo 70 por ciento de cacao)

GELATINA (4 RACIONES):

¾ de hoja de gelatina

40 ml de zumo de manzana

30 g de sirope de agave

extracto de menta

Quemar Sustituya la crema de yogur por 150 g de yogur griego desnatado endulzado con 15 g de miel. Utilice esta mezcla para sustituir la crema de yogur tal como se indica en la receta.

Mantener Disminuya las cantidades para la crema de yogur a 130 g de avena, 300 ml de zumo de manzana y 90 g de yogur.

Primero, prepare la crema de yogur. Mezcle la avena, el zumo de manzana y el yogur en un bol, luego déjelo en el frigorífico al menos 2 horas (lo ideal es hacer este paso el día antes).

Trocee las avellanas en el mortero o en una taza con el extremo del rodillo. Pase a un recipiente apto para el microondas junto con el chocolate y derrítalo a media potencia a intervalos de 15 segundos hasta que el chocolate se funda. Reserve y deje templar.

A continuación, remoje la gelatina en agua fría 10 minutos.

Mientras, ponga el zumo de manzana, el sirope de agave y unas gotas de extracto de menta, al gusto, en un cazo. Agregue la gelatina remojada y lleve a ebullición, removiendo constantemente.

Vierta en un recipiente de plástico y deje cuajar en el frigorífico. (Tardará unas horas, por lo que este paso también puede hacerse el día antes.) Cuando la gelatina cuaje, pásela sobre una tabla de cortar y divídala en daditos.

Para servir, reparta la crema de yogur en 2 cuencos para postre o 2 vasos anchos. Rompa la mezcla de avellanas con chocolate y espolvoréela sobre el yogur junto con 20 g de daditos de menta.

Crema de yogur dulce especiada

Transforme el pastelito de fruta tradicional del Reino Unido en una de sus recetas saludables preferidas. Este yogur es tan delicioso que no lo reservará para ocasiones especiales.

Salud Otra receta cargada de antioxidantes gracias al zumo de uva morada.

Deporte Un desayuno excepcional que puede tomarse frío, de modo que puede llevárselo al gimnasio en un recipiente hermético como tentempié después de un entreno.

2 RACIONES

50 g de pasas

50 g de pieles de frutas variadas

180 g de copos de avena

320 ml de zumo de uva morada

140 g de yogur desnatado

ralladura fina de ½ naranja

1 cucharadita en total de canela, nuez moscada y pimienta de Jamaica en polvo

Reserve un puñado de pasas y piel de fruta. Luego mezcle el resto de ingredientes en un bol y deje en el frigorífico al menos 2 horas, o toda la noche. Sirva con las pasas y las pieles de fruta.

Quemar Sustituya la avena, el zumo de uva morada y el yogur por 150 g de yogur griego desnatado endulzado con 15 g de miel. Mezcle el yogur con las especias y la piel de frutas, acabe con 30 g de uvas negras o rojas y sirva frío.

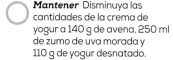

Mantener Disminuya las cantidades de la crema de yogur a 140 g de avena, 250 ml de zumo de uva morada y 110 g de yogur desnatado.

Crema Bakewell de yogur con cerezas

Crema de yogur «After Eight»

Crema de yogur dulce especiada

Crema Bakewell de yogur con cerezas

Qué mejor momento para animar los copos de avena. Las cerezas y las almendras son una combinación divina; si le gusta la tarta Bakewell, le encantará esta receta.

Salud El elevado contenido en vitamina C de esta receta ayuda al sistema inmunitario.

Deporte Las cerezas Montmorency del suplemento CherryActive han demostrado su capacidad de reducir los dolores musculares después del ejercicio.

2 RACIONES

PARA LA CREMA DE YOGUR:

185 g de copos de avena

280 ml de zumo de manzana

130 g de yogur natural

**PARA LA JALEA
(8 RACIONES):**

½ hoja de gelatina

40 g de cerezas Morello, deshuesadas

40 ml de suplemento CherryActive o zumo de manzana

20 g de sirope de agave

PARA EL GUIRLACHE:

25 g de sirope de agave

25 g de clara de huevo

100 g de almendras en láminas

Primero, prepare la crema de yogur. Mezcle la avena, el zumo de manzana y el yogur en un bol, luego déjelo en el frigorífico al menos 2 horas (lo ideal es hacer este paso el día antes).

Luego prepare la jalea. Remoje la gelatina en agua fría 10 minutos. Ponga las cerezas, el CherryActive y el sirope de agave en el vaso de la batidora y triture hasta que quede una mezcla suave.

Vierta el puré en un cazo, añada la gelatina remojada y lleve a ebullición, removiendo constantemente. Páselo a una taza y métalo en el frigorífico para que cuaje. (Este paso requiere unas horas, por lo que también puede hacerse el día anterior.)

Precaliente el horno a 160 °C / gas potencia 2 ½ y forre una bandeja de horno con papel vegetal.

Para terminar, prepare el guirlache. Mezcle bien el sirope de agave con la clara de huevo, incorpore las almendras y extienda sobre la bandeja preparada, con una espátula para formar una capa fina. Hornee 15 minutos hasta que se dore: las almendras deben quedar unidas y secas cuando estén listas. Retire del horno y deje templar.

Para servir, reparta la crema de yogur en 2 cuencos. Con un tenedor, remueva la jalea de cereza hasta que se convierta en un gel homogéneo, y luego incorpórela a la crema de yogur. Rompa el guirlache en trocitos y espolvoree 20 g sobre cada cuenco.

Quemar Sustituya la avena, el zumo de manzana y el yogur por 150 g de yogur griego desnatado endulzado con 15 g de miel. Utilice esta mezcla para sustituir la crema de yogur y monte la receta como se indica.

Mantener Disminuya las cantidades de la crema de yogur a 130 g de avena, 200 ml de zumo de manzana y 90 g de yogur.

Gachas con crujiente de manzana

La combinación de manzana con especias es deliciosa. No hay nada tan reconfortante como un postre de manzana. Este bol de gachas de avena está de rechupete y es todo lo que se precisa una mañana helada.

Salud Este desayuno sin gluten ni lactosa es perfecto para quienes presentan intolerancias.

Deporte Con leche de avellana para más profundidad de sabor, estas gachas de avena son la manera más sabrosa de empezar el día con una ración de carbohidratos.

2 RACIONES

- 2 manzanas (nosotros empleamos Granny Smith)
- 80 g de copos de avena
- 550 ml de leche de avellana
- ¼ de cucharadita de canela en polvo
- ¼ de cucharadita de nuez moscada
- 40 g de pasas
- 30 g de granola (véase la p. 71)

Pele y descorazone las manzanas y córtelas en daditos (de 0,5 cm).

En una sartén antiadherente, rehogue la manzana 3-4 minutos hasta que adquiera color.

Ponga la avena, la leche de avellana y las especias en una sartén antiadherente y lleve a ebullición, baje el fuego y deje cocer a fuego lento 3-4 minutos más.

Para servir, reparta las gachas en 2 boles y disponga los cubitos de manzana, pasas y granola por encima. Si las toma a solas, conserve el resto de gachas en el frigorífico y recaliéntelas al día siguiente con un poco más de leche, en el microondas a toda potencia 1-1 ½ minutos.

Quemar Sustituya la avena y la leche de avellana por 150 g de yogur griego endulzado con 15 g de miel. Mezcle el yogur con las especias y las pasas, sirva frío y acabe con la manzana y la granola.

Desarrollar Aumente las cantidades de avena a 50 g y de leche de avellana a 330 ml por ración.

Leche de avellana casera

200 g de avellanas con piel
1 litro de agua
Disponga las avellanas en un cuenco, cúbralas con agua y déjelas en remojo toda la noche. A continuación, escurra el agua y pase las avellanas al vaso de la batidora. Añada el agua y triture 3-4 minutos. Moje un trapo de muselina y escúrralo (la tela mojada funciona mucho mejor ya que favorece la filtración). Dóblelo por la mitad (para formar una capa doble) sobre un escurridor y cuele el líquido en un cuenco. Una vez filtrado, una las esquinas de la muselina y escurra todo el líquido posible. Sirva la leche o guárdela en un recipiente cerrado en el frigorífico, donde se conservará hasta 3 días. Puede secar la pulpa de avellana en una bandeja de horno, a la temperatura mínima y aprovecharla para preparar barritas o espolvorear sobre el desayuno.

Gachas de sémola y chía con naranja, limón y jengibre

Un desayuno con una excelente combinación de texturas y sabores cuyo esfuerzo vale la pena. Una vez lo haya probado, experimente con su fruta y sus frutos secos preferidos.

Salud Las semillas de chía son muy indicadas para el deporte de resistencia ya que forman una gelatina en el estómago que ralentiza la digestión y favorece la liberación lenta de energía.

Deporte El uso de sémola ayuda a la función cerebral cognitiva al tratarse de una rica fuente de diversas vitaminas del grupo B.

2 RACIONES

PARA LA SÉMOLA:

35 g de sémola

20 g de sirope de agave

250 ml de leche semidesnatada

zumo de ½ limón

ralladura fina de ¼ de limón

semillas de 1 vaina de vainilla

PARA LAS GACHAS DE CHÍA:

45 g de semillas de chía

180 ml de leche de almendra

½ cucharadita de raíz de jengibre picada

30 g de miel

PARA SERVIR:

20 g de almendras en láminas tostadas

1 naranja, en gajos

Disponga todos los ingredientes para la sémola en un cazo y lleve a ebullición. Baje el fuego y deje cocer lentamente 3-4 minutos. Deje templar y luego refrigere.

A continuación, prepare las gachas de chía. Mezcle los ingredientes en un cuenco y refrigere en el frigorífico durante al menos una hora.

Para servir, disponga la mitad de las gachas en cada bol, reparta la sémola entre los boles y acabe con las almendras tostadas y los gajos de naranja.

Quemar Sustituya la sémola y la leche por 125 g de yogur griego desnatado. Mezcle el resto de ingredientes para la sémola con el yogur y sirva sobre las gachas de chía.

Desarrollar Duplique el tamaño de la ración de sémola.

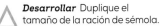

Gachas de quinoa con lichis, jengibre y limón

Gachas, pero más ligeras. Cambiar los copos de avena por quinoa aporta al plato la dimensión nueva e interesante que tal vez no se le haya ocurrido probar.

Salud Una manera muy baja en IG para empezar el día: los hidratos de carbono de liberación lenta de la quinoa mantienen los niveles de azúcar en sangre estables a lo largo de la mañana, lo cual reduce las ganas de picar.

Consejo Para un desayuno rápido, prepare una tanda de las gachas pero sin llegar a mezclar los lichis y refrigérela. Añada los lichis y vuelva a calentar en el microondas 1-1 ½ minutos.

2 RACIONES

20 g de jengibre en conserva (confitado) escurrido

350 ml de zumo de manzana

zumo de ½ limón

ralladura fina de 1 limón

6 lichis

35 g de quinoa

▽ **Quemar** Sustituya la quinoa y el zumo de manzana por 150 g de yogur griego desnatado con 15 g de miel. Mezcle con el resto de ingredientes y sirva frío.

△ **Desarrollar** Aumente la ración con 25 g más de quinoa y 250 ml más de zumo de manzana.

Triture el jengibre con el zumo de manzana en la batidora hasta que el jengibre se deshaga del todo. Luego añada el zumo y ralladura de limón.

Pele y deshuese los lichis y córtelos en trozos pequeños.

Ponga la quinoa en un cazo y vierta la mezcla del zumo de manzana. Cubra con una tapa y lleve a ebullición. Luego baje el fuego y deje cocer lentamente hasta que se evapore el jugo (como si cociera arroz), unos 20 minutos. Agregue un poco más de zumo de manzana si es necesario: la quinoa debería quedar ligera y esponjosa.

Incorpore los lichis a las gachas y sirva enseguida.

Tortitas de coco con papaya y mantequilla de macadamia

Se suele atribuir poco mérito nutricional a las tortitas, pero con esta receta especialmente diseñada –y sin gluten– podrá usted darse el capricho ya que cada una contiene menos de 4 g de carbohidratos.

Salud Las nueces de macadamia son una buena fuente de grasas monoinsaturadas y son bajas en grasas saturadas: una buena alternativa a la mantequilla.

Consejo La harina de coco contiene casi el doble de proteína que la harina de trigo. También aporta energía instantánea, de modo que es ideal para empezar el día.

▽ **SALEN 4 / 2 RACIONES**

PARA LA COMPOTA:

1 papaya grande partida por la mitad, sin semillas y en dados

2 cucharaditas de sirope de agave

PARA LA MANTEQUILLA:

100 g de nueces de macadamia

30 g de mantequilla con sal, a temperatura ambiente

PARA LAS TORTITAS:

270 ml de leche desnatada

¼ de cucharadita de goma xantana

100 g de harina de coco

3 huevos grandes

50 ml de leche de coco

1 cucharadita de levadura en polvo sin gluten

2 cucharaditas de aceite

○ **Mantener** Sirva 3 tortitas por ración.

△ **Desarrollar** Para esta variación, sirva 4 tortitas por ración.

Ponga la papaya en dados y el sirope de agave en un cazo y deje cocer 3-4 minutos a fuego medio hasta que se deshagan. Pase a un tarro y deje templar; conserve esta compota en el frigorífico hasta 3 días.

Con la batidora, triture las nueces y la mantequilla. La mantequilla puede conservarse en un tarro en el frigorífico hasta 2 semanas.

A continuación, con la batidora, triture 120 ml de leche con la goma xantana: debe quedar una textura ligera y esponjosa.

En un cuenco grande, ponga la harina de coco, los huevos, la leche de coco, la levadura y el resto de la leche. Mezcle bien y luego incorpore la mezcla de leche con goma xantana.

Precaliente una sartén antiadherente a fuego bajo. Añada una cucharadita de aceite y unte la sartén con ayuda de un papel de cocina. Agregue una cucharada de la mezcla (o 2 cucharadas si la sartén es lo bastante grande) a la sartén y extiéndalas un poco con el dorso de la cuchara hasta que midan unos 8 cm. Deje cocer 2-3 minutos por cada lado; tenga cuidado al darles la vuelta. Estas tortitas tardan un poco más en hacerse que las normales, por lo que el fuego debe ser más bajo para que no se doren antes de tiempo. Añada el resto del aceite a la sartén cuando haya cocido la mitad de las tortitas. Lo mejor es servirlas calientes, de modo que debe mantenerlas calientes a medida que las prepare. Para servir una ración, disponga 2 tortitas en un plato con la mitad de la compota de papaya y ponga una cucharada de mantequilla de macadamia encima, extendida si lo desea.

Dos caminos hacia una tortita perfecta

1

Fresas, plátano y nata

2

Beicon de pavo y sirope de arce

Servir sobre las tortitas

Tortitas americanas a su manera

El dulce aroma del aceite de coco, la masa para tortitas y otros ingredientes deliciosos conseguirán que se le haga la boca agua incluso antes de probar estos divinos bocados esponjosos: tome este desayuno sin sentirse culpable.

Salud Al utilizar harina de alforfón, estas tortitas son ricas en fibra, manganeso y magnesio. Además, no contienen gluten.

Deporte El alto contenido en proteína de estas tortitas las hace ideales para iniciar la síntesis muscular a primera hora de la mañana o para tomarlas después de entrenar.

2 RACIONES

PARA EL QUESO PARA UNTAR:

50 g de fresas

15 g de miel

60 g de yogur griego

60 g de queso para untar bajo en grasa

PARA LA COMPOTA:

170 g de fresas

20 g de sirope de agave

OTROS INGREDIENTES:

6 lonchas de beicon de pavo

60 g de sirope de arce

fresas partidas por la mitad, para servir

1 plátano, en rodajas, para servir

PARA LAS TORTITAS:

100 g de harina de alforfón

20 g de proteína de suero de leche sin sabor

1 cucharadita de levadura en polvo sin gluten

180 ml de leche desnatada

70 g de yogur desnatado

20 g de miel

2 huevos grandes

aceite de coco, para freír

Primero, prepare el queso para untar con fresas. En la batidora, triture las fresas con la miel y el yogur griego. Luego añada el queso para untar, mezcle bien con una cuchara y refrigérelo.

Para la compota, chafe las fresas con un tenedor y dispóngalas en un cazo con el sirope de agave. Lleve a ebullición a fuego medio, removiendo constantemente hasta que empiece a espesar, unos 2-3 minutos. Cuando esté lista, pásela a un recipiente pequeño y refrigere.

Precaliente el horno a 110 °C / gas potencia ¼ y el gratinador a temperatura media. Hornee el beicon de pavo 2-3 minutos por cada lado, luego manténgalo caliente, envuelto en papel de aluminio para que no se seque, en el horno a temperatura baja.

Tamice la harina, la proteína y la levadura en un cuenco grande. En otro cuenco o jarra, bata la leche, el yogur, la miel y los huevos. Vierta esta mezcla en la mezcla de la harina y bata con unas varillas hasta obtener una masa homogénea. Deje reposar unos minutos.

A continuación, caliente una sartén antiadherente a fuego medio, añada media cucharadita de aceite de coco y úntelo en la sartén con un papel de cocina cuando se haya derretido: la sartén no debe quedar aceitosa, solo con una fina capa de aceite. Repita la operación cada dos o tres tortitas. Vierta una cucharada de la masa en la sartén hasta que se extienda y mida 10 cm de diámetro (cocine 2 a la vez si la sartén es lo bastante grande). Le parecerán muy gruesas, pero deben serlo. Espere a que la parte superior de la tortita empiece a burbujear, entonces dele la vuelta y cocínela por ambos lados hasta que se dore y la tortita presente 1 cm de grosor. Repita hasta acabar la masa; mantenga las tortitas calientes en el horno a temperatura baja.

Sirva 3 tortitas por ración junto con la mitad del queso de fresa, una cucharada de compota y la mitad del plátano, o sirva con jarabe de arce y beicon, lo que prefiera. Si come solo, puede cocinar todas las creps y una vez frías, conservarlas en un recipiente hermético en el frigorífico 2-3 días o congelarlas. Puede recalentarlas en el horno (160 °C / gas potencia 2 ½) 3-4 minutos si están frías o 6-8 minutos si están congeladas.

Quemar Utilice tortitas de coco (p. 81) en lugar de las de esta receta.

Desarrollar Aumente la ración a 4 tortitas.

Beicon, tortita de patata y huevo con salsa de queso

¿Quién dice que un sabroso desayuno caliente no pueda ser saludable? Aquí está la prueba de lo contrario, y una vez haya preparado esta increíble salsa de queso, querrá tomarla cada día.

Salud Los tomates son ricos en antioxidantes y licopeno; los estudios demuestran que ambos son importantes para la salud ósea. Si realiza mucha actividad de gran impacto, coma tomates para beneficio de sus huesos.

Consejo Busque tomates de color naranja ya que contienen un tipo de licopeno de absorción más fácil que el de sus primos rojos.

2 RACIONES

- 50 g de queso Cheddar
- 1 rebanada de pan integral
- 300 g de patatas (aquí usamos Maris Piper) peladas
- 2 cucharaditas de harina blanca
- una pizca de sal
- 1 cucharadita de aceite vegetal
- 4 lonchas de beicon inglés
- 120 g de tomates cherry
- 2 cucharadas de vinagre de vino blanco
- 2 huevos grandes
- 150 ml de leche semidesnatada
- 40 g de hojas de espinacas

Quemar Sustituya la tortita de patata por un champiñón gratinado y 2 espárragos trigueros gratinados por ración.

Desarrollar Añada una ración de pan integral con semillas tostado o una ración de alubias cocidas (p. 86) al desayuno.

Precaliente el horno a 160 °C / gas potencia 2 ½ y forre dos bandejas de horno con papel vegetal.

Ralle el queso sobre una de las bandejas preparadas y hornee hasta que se dore (8-10 minutos). Al mismo tiempo, ponga la rebanada de pan en otra bandeja, hornee hasta que se dore ligeramente, saque del horno y reserve. Luego suba la temperatura del horno a 180 °C / gas potencia 4.

Lleve una olla de agua a ebullición y añada la patata (también utilizará la olla y el agua para los huevos, de modo que debería ser honda). Cuézalas 10 minutos y sáquelas del agua.

Con un trapo de cocina sujete la patata y rállela en un bol, luego añada la harina y la sal y mezcle bien. Divida la mezcla por la mitad y forme dos tortitas con un molde para hamburguesa. Pase las tortitas a una sartén antiadherente caliente a fuego medio con el aceite. Cocínelas hasta que se doren por ambos lados, páselas a la bandeja preparada y hornéelas 15-20 minutos.

Recorte la grasa del beicon y cocínelo en una bandeja de horno hasta su punto de cocción preferido. Cocine los tomates al mismo tiempo 8-10 minutos.

Añada el vinagre a la olla con agua y lleve de nuevo a ebullición, baje el fuego para que hierva suavemente y rompa los huevos en el agua. Deje cocer 3 minutos y luego retírelos de la olla con una espumadera grande.

Mientras, en un cazo pequeño, lleve la leche a ebullición y luego retírela del fuego. Retire el queso de la bandeja de horno y póngalo en el vaso de la batidora con la mitad de la tostada, triture y agregue la leche poco a poco; es posible que deba añadir más trozos de tostada para obtener la consistencia adecuada de la salsa. Añada sal al gusto.

Para terminar, rehogue brevemente las espinacas en una sartén antiadherente a fuego medio y sirva enseguida. A nosotros nos gusta emplatar las espinacas con el tomate y luego amontonar la tortita de patata, el beicon y el huevo, y verter la salsa por encima.

Para Quemar, utilice champiñón

Desayuno inglés saludable

Una alternativa sin sentimiento de culpa al tradicional frito grasiento de la mañana del domingo. Con el cambio de métodos de cocción y la elección de ingredientes magros frescos se puede disfrutar del tradicional clásico británico y acercarse a los objetivos en lugar de alejarse de ellos.

Consejo Si lo desea, también puede elaborar su propio kétchup –sin conservantes, sal ni azúcar (el casero es el bueno)– con la receta indicada más abajo (o la de la p. 89) y conservarlo en un tarro en el frigorífico para utilizarlo más adelante.

Deporte Este desayuno inglés aporta una buena cantidad de proteínas para fomentar la síntesis proteica desde primera hora de la mañana.

2 RACIONES

120 g de alubias blancas cocidas, escurridas y lavadas

2 salchichas bajas en grasas

2 lonchas de beicon inglés

2 champiñones o setas planas grandes

3 huevos

40 ml de leche semidesnatada

sal marina y pimienta negra recién molida, al gusto

PARA LA SALSA DE TOMATE (4 RACIONES):

½ cebolla, troceada pequeña

½ diente de ajo, troceado o chafado

1 cucharadita de aceite vegetal

400 g de tomates troceados en lata

2 cucharadas de concentrado de tomate

hojas de 1 ramita de tomillo fresco

Primero, prepare la salsa de tomate para las alubias. Disponga la cebolla y el ajo en una sartén mediana con el aceite, a fuego medio, y deje cocer hasta que se ablanden (no deben tomar color).

A continuación, añada los tomates y el concentrado de tomate y deje que hierva a fuego suave. Siga cociendo hasta que reduzca un tercio. Mientras, precaliente el horno a 180 °C / gas potencia 4.

Deje templar la salsa de tomate antes de echarla al vaso de la batidora, luego añada las hojas de tomillo y triture.

Ponga las alubias en una sartén con 100 g de la salsa de tomate y reserve. (Si lo prefiere, puede doblar la cantidad de alubias y utilizar toda la salsa de tomate, o congelar la salsa para otro día.)

Ponga las salchichas y el beicon en una bandeja de horno y hornéelos 15-20 minutos (el tiempo variará en función del grosor de las salchichas y lo crujiente que le guste el beicon). Al mismo tiempo, ponga los champiñones en una fuente para horno y áselos 10-12 minutos. Cuando estén listos, escura el líquido que suelten sobre las alubias.

Mientras, vuelva a calentar las alubias a fuego lento, removiendo de vez en cuando. Cuando estén calientes, pruébelas y rectifique de sal.

Luego bata los huevos con la leche en un bol y viértalos en una sartén antiadherente mediana. Cuézalos a fuego medio, removiendo constantemente con una cuchara de madera. Cuando los huevos estén casi listos, sálelos al gusto.

Reparta las alubias, el beicon, las salchichas, las setas y los huevos revueltos en 2 platos, condimente con pimienta negra y sirva enseguida.

 Quemar Prescinda de las alubias y sustitúyalas por 60 g de tomates asados por ración.

 Desarrollar Añada una rebanada de pan integral o con semillas por ración.

Panecillo de hamburguesa y huevo con kétchup casero

Quemar Sustituya el pan por champiñones. Ase 2 champiñones grandes con un poco de sal y aceite de oliva en el horno precalentado a 180 °C / gas potencia 4, 10 minutos. ¡No tome este desayuno vestido con su mejor camisa!

Desarrollar Sírvase también una tortita de patata (véase la p. 84).

Normalmente reservado para establecimientos de comida rápida, esta versión del bocadillo de hamburguesa es perfecta como capricho sin remordimiento para el domingo por la mañana.

Salud El bocadillo está repleto de micronutrientes sin las grasas trans ni los ingredientes artificiales de la versión comercial.

Consejo Dado que su alimentación es primordialmente saludable y nutritiva, esta receta no va a alterar el equilibrio.

2 RACIONES

2 champiñones grandes

2 huevos grandes

2 panecillos integrales

2 cucharaditas de mantequilla fácil de untar ligera

PARA EL KÉTCHUP:

400 g de tomates troceados en lata

½ cebolla, en dados

1 diente de ajo machacado

30 g de tomates secos

¼ de cucharadita de pimienta de Jamaica

3 cucharaditas de sirope de agave

4 cucharaditas de vinagre de vino blanco

PARA LAS HAMBURGUESAS:

1 cucharadita de sal marina

¼ de cucharadita de cada de macis en polvo y de clavos de olor en polvo

1 cucharadita de pimienta

2 cucharaditas de hojas de salvia picadas

500 g de carne magra de cerdo picada

2 cucharaditas de aceite vegetal

Primero, prepare el kétchup. Ponga todos los ingredientes excepto el vinagre en un cazo. Lleve a ebullición, deje hervir suavemente durante 20 minutos. Retire del fuego y deje templar un poco. Pase el contenido del cazo al vaso de la batidora y triture 5-10 minutos: debe quedar una salsa suavísima. Devuelva la salsa al cazo y deje reducir a fuego medio para obtener una consistencia espesa. Agregue el vinagre unos minutos antes de terminar la cocción. Deje enfriar la salsa. Se conserva en un recipiente hermético en el frigorífico hasta 2 semanas.

Precaliente el horno a 180 °C / gas potencia 4 y forre una bandeja de horno con papel vegetal. Ahora prepare las hamburguesas. Muela la sal, las especias y las hierbas (en el mortero, el molinillo de especias o la batidora). Póngalo en un cuenco con la carne y mezcle.

Divida la mezcla en 4 partes y forme una hamburguesa de 10 cm con cada una de ellas, con la ayuda de un molde o anillo. Añada una cucharadita de aceite a una sartén caliente y fría las hamburguesas 2 minutos por cada lado (con esta receta, salen 4 hamburguesas, conserve el resto en el frigorífico hasta 3 días o congélelas).

Retire las hamburguesas de la sartén y páselas a la bandeja de horno con las setas y deje que se cocinen en el horno 10-12 minutos.

Mientras, prepare los huevos con el resto del aceite en una sartén pequeña o en una sartén antiadherente grande. Para una bonita presentación, rompa los huevos en los anillos de 10 cm usados para las hamburguesas, ya limpios. Cuando las hamburguesas y los huevos estén listos, abra los panecillos y úntelos con la mantequilla. En la base, disponga la hamburguesa, una seta, un huevo y la cantidad deseada de kétchup. Cubra con la otra mitad del panecillo y sirva.

Tostada con setas, espárragos, tomates y queso

Partiendo del sencillo pan con queso y sofisticándolo con setas sabrosas, tomates dulces y espárragos suculentos, se prepara este desayuno con el cual es imposible equivocarse.

Salud Este desayuno rico en fibra le hará sentirse lleno toda la mañana, cosa que reducirá las probabilidades de tomar tentempiés poco saludables.

Deporte Esta receta es una fuente de vitamina K, la cual se halla en los espárragos. Esta vitamina es vital para la coagulación de la sangre, la cicatrización de heridas y la fortaleza de los huesos.

2 RACIONES

100 g de tomates pera pequeños, partidos por la mitad

120 g de puntas de espárragos trigueros

2 rebanadas de pan integral o con semillas

60 g de mozzarella baja en grasa, en rodajas o troceada

1 cucharadita de aceite de oliva virgen extra

250 g de setas variadas (troceadas o cortadas si son grandes)

Quemar Sustituya la tostada por una ración de huevo revuelto preparada con un huevo entero y 1 clara; o con un huevo hervido o escalfado si lo prefiere.

Desarrollar Sirva con una ración de tortita de patata (p. 84).

Precaliente el gratinador a media potencia.

Mientras, disponga las mitades de tomate boca abajo en una sartén antiadherente caliente a fuego fuerte. Cocine hasta que caramelicen.

Cocine las puntas de espárrago en una olla con agua hirviendo, durante 3 minutos.

Tueste ligeramente el pan por ambas caras. Disponga sobre una bandeja de horno y ponga encima los tomates y los trozos de mozzarella. Póngalo bajo el gratinador hasta que se derrita el queso.

Añada el aceite a la sartén y cocine las setas a fuego fuerte 2-3 minutos hasta que se doren y se ablanden.

Reparta los ingredientes en 2 platos y sirva.

Salmón ahumado y huevos revueltos al estilo Soulmatefood

Este plato supersaludable se disfraza bajo una capa de lujo y capricho y aporta un equilibrio perfecto para comenzar el día, con proteína, carbohidratos complejos, grasas saludables y antioxidantes.

Salud El salmón ahumado, el aguacate y los huevos están repletos de grasas saludables: monoinsaturadas (aguacate) y omega 3 (salmón y huevos).

Deporte Debido a sus propiedades antiinflamatorias, este plato es fantástico para los deportistas que pretendan reducir la inflamación y el riesgo de lesiones.

2 RACIONES

- 150 g de tomates pera o cherry (de color variado, si es posible), partidos por la mitad a lo largo
- 1 aguacate
- zumo de ½ limón
- 160 g de salmón ahumado en lonchas
- 4 rebanadas de pan de centeno
- 3 huevos
- 40 g de leche semidesnatada
- 1 ½ cucharadita de cebollino picado
- sal y pimienta negra recién molida, al gusto
- 30 g de mantequilla fácil de untar ligera
- semillas de calabaza, para decorar (opcional)

Precaliente el horno a 80 °C o la potencia más baja posible, y necesitará un bandeja de horno.

Ponga las mitades de tomate boca abajo en una sartén antiadherente apta para el horno o en una fuente metálica antiadherente a fuego fuerte 2-3 minutos hasta que empiecen a caramelizar. Luego páselos al horno.

Corte el aguacate por la mitad y retire el hueso. Corte cada mitad en 4 trozos a lo largo y, con un cuchillo, retire la piel. Exprima el limón por encima y meta en el horno.

Disponga el salmón ahumado en un plato y métalo en el horno mientras tuesta el pan y cocina los huevos. Tenga presente que solo pretende calentar el aguacate y el salmón, no cocerlos.

Bata los huevos con la leche en un bol y vierta la mezcla en una sartén antiadherente mediana. Cocine a fuego medio y remueva con una cuchara de madera. Cuando los huevos estén casi hechos, espolvoree con el cebollino y un poco de sal, al gusto.

Cuando el pan esté tostado, úntelo con la mantequilla y ponga 2 rebanadas en cada plato. Reparta el salmón, los huevos, el aguacate y los tomates, y sirva, con un poco de pimienta negra y unas semillas de calabaza, si lo desea.

▽ **Quemar** Sustituya la tostada por 2 espárragos gratinados y 40 g de espinacas por ración.

△ **Desarrollar** Añada una tostada adicional o sustituya el pan por un panecillo con 25 g de queso para untar.

Minitortillas de brócoli, pimientos y feta con espárragos

Empiece el día con color y dos deliciosas tortillas para desayunar. Métalas en el horno cuando entre en la ducha y estarán listas cuando usted acabe.

Salud Estas tortillas están repletas de fibra (soluble e insoluble), ideal para mantener el buen funcionamiento del sistema digestivo.

Deporte Al ser ricas en calcio, estas tortillas pueden ayudar a mantener la salud ósea durante el deporte de resistencia con impacto, como el entreno para un maratón.

SALEN 6

50 g de brócoli, en floretes

6 huevos

18 hojas tiernas de espinacas

50 g de queso feta

50 g de espárragos trigueros

50 g de pimientos Peppadew, en cuartos

5 g de cebollino, troceado

albahaca picada, para decorar

1 rebanada de pan de centeno, para servir

Precaliente el horno a 180 °C / gas potencia 4, y necesitará un molde antiadherente para magdalenas de 6 o 12 agujeros.

Cocine el brócoli en agua hirviendo 3-4 minutos y luego refrésquelo en agua helada para mantener su color y detener la cocción.

Separe las claras y las yemas de los huevos. Bata las claras hasta que se formen picos. Bata las yemas hasta que se deshagan bien. Luego incorpore las claras a las yemas.

Forre 6 agujeros del molde de magdalenas con 3 hojas de espinaca cada uno. Desmenuce el feta y luego añada el brócoli.

Deseche los extremos duros de los trigueros y corte el resto, dejando las puntas enteras. Añada los espárragos a las tortillas, corte cada punta por la mitad a lo largo y apoye las dos mitades en los lados de cada agujero.

Reparta los pimientos y el cebollino entre los moldes. Para terminar, añada la mezcla de huevo hasta el borde de los moldes y hornee 12-15 minutos. Para comprobar si están listas, pinche con un cuchillo en medio de la tortilla, si sale limpio, están a punto, si no, deje en el horno unos minutos más.

Cuando estén cocidas, retírelas del horno, deje templar y desmolde. Decore con la albahaca y sirva con una rebanada de pan de centeno.

Estos minidesayunos se conservan bien en un recipiente hermético, pero consúmalos en 3 días. No creemos que le resulte difícil.

Quemar Siga la receta y sírvala sin el pan de centeno.

Desarrollar Siga la receta y sirva otra rebanada de pan por ración. Si tiene boniato cocido o algo parecido, de la noche anterior, añada 50 g a la mezcla para las tortillas.

Bizcocho de plátano y nueces con crema Earl Grey

Este desayuno es uno de los favoritos de la cocina Soulmatefood. Es idóneo tanto para comenzar el día con un plato saciante, como para tomar como tentempié a media mañana. A nosotros nos gusta acompañarlo con una taza de té verde.

Salud Un buen bocado antes del gimnasio que aporta suficiente energía para una sesión de primera hora de la mañana sin sentirse demasiado lleno.

Consejo Puede congelar este bizcocho de fruta sin gluten en rebanadas y tostarlo cuando se levante con el tiempo justo.

8 RACIONES

PARA EL BIZCOCHO:

- 125 g de mantequilla fácil de untar ligera
- 160 g de azúcar moreno
- 2 huevos grandes
- ½ cucharadita de extracto de vainilla
- 125 g de harina de alforfón
- 125 g de harina de arroz integral
- 2 cucharaditas de levadura en polvo sin gluten
- 3 plátanos maduros
- 120 g de nueces, troceadas

PARA LA CREMA EARL GREY:

- 50 ml de leche semidesnatada
- 2 bolsitas de té Earl Grey
- 30 g de proteína de suero de leche sin sabor
- 110 g de queso quark o nata para cocinar
- 25 g de sirope de agave

Precaliente el horno a 180 °C / gas potencia 4, y forre un molde rectangular de medio litro con papel vegetal.

Bata la mantequilla y el azúcar hasta que quede una mezcla esponjosa, con la batidora de vaso o de mano. Incorpore los huevos, uno a uno, hasta que quede todo bien mezclado y añada el extracto de vainilla.

Ponga las harinas y la levadura en un bol e incorpore esta mezcla seca a la mezcla del huevo, un tercio a la vez, hasta que todo quede bien mezclado.

Chafe los plátanos con un tenedor e incorpore a la mezcla junto con las nueces.

Vierta la mezcla en el molde preparado y hornee 45-50 minutos. Compruebe la cocción pinchando con un palillo, que debería salir limpio. Deje templar el bizcocho en el molde sobre una rejilla.

Mientras se enfría el bizcocho, prepare la crema. Caliente la leche con las bolsitas de té en un cacito y lleve a ebullición, retire del fuego y deje reposar la infusión 10 minutos. Retire las bolsitas de té y deséchelas, pase el líquido a una jarrita y deje templar.

Cuando esté frío, mezcle con el resto de ingredientes para obtener una crema suave y espesa. Conserve esta crema en un recipiente hermético en el frigorífico hasta 3 días.

Corte 2 rebanadas (de 1 cm) de bizcocho por ración y sirva con una cucharada de la crema de té.

Quemar Sirva una rebanada como parte de la proporción 80/20 (p. 10).

Mantener Reduzca la ración a una rebanada.

Pastas de maíz y queso de cabra con alubias caseras

Ooh, con el frío que hace, entrará en calor a primera hora con estas pastas rústicas de maíz acompañadas de alubias.

Salud Este desayuno rico en fibra favorece una función intestinal saludable.

Deporte Las alubias son ricas en folatos, que ayudan a mantener el recuento de glóbulos rojos, lo cual favorece la mejora de la resistencia y reduce el riesgo de anemia.

2 RACIONES

PARA LAS PASTAS DE MAÍZ:

mantequilla fácil de untar ligera, para engrasar

280 g de maíz dulce cocido (de lata, escurrido o desprendido de la mazorca)

2 huevos, separadas las claras de las yemas

40 g de polenta

60 g de harina blanca

½ cucharadita de levadura en polvo sin gluten

½ cucharadita de sal

¼ de cucharadita de pimienta negra molida

4 g de cebollino

100 g de queso suave de cabra

PARA LAS ALUBIAS COCIDAS:

½ cebolla picada

½ diente de ajo troceado o machacado

1 cucharadita de aceite vegetal

400 g de tomates troceados en lata

10 g de sirope de agave

40 g de concentrado de tomate

copos de guindilla secos (opcional)

240 g de alubias pintas o borlotti (o 1 lata de 410 g, escurrida)

Quemar Reduzca la ración a 2 pastas de maíz, utilice este desayuno para la proporción 80/20 (p. 10).

Desarrollar Sírvase 2 lonchas de beicon gratinado como acompañamiento adicional.

Precaliente el horno a 170 °C / gas potencia 3 y engrase ligeramente un molde antiadherente de 6 agujeros con la mantequilla.

Reserve 70 g de maíz en un bol, triture el resto del maíz hasta que se deshaga y adquiera la textura del hummus húmedo, luego páselo a un cuenco mediano. Mezcle las yemas de huevo con el maíz triturado con una cuchara de madera.

En otro cuenco, mezcle la polenta, la harina, la levadura y el condimento, y luego añada esta mezcla seca a la mezcla de maíz, un tercio a la vez. Para terminar, trocee el cebollino y desmenuce el queso e incorpórelos a la mezcla.

Bata las claras con una batidora de globo o eléctrica hasta que se formen picos suaves, con una cuchara de madera o una espátula incorpore las claras y el resto del maíz a la mezcla, con mucho cuidado para no mezclar excesivamente ya que debe quedar lo más ligera posible.

Reparta uniformemente la mezcla entre los agujeros del molde, golpeándolo suavemente para eliminar el aire y que la mezcla asiente bien. Hornee 15 minutos hasta que la parte superior empiece a dorarse. Lo ideal es servir las pastas enseguida, pero pueden dejarse templar y recalentarse más tarde.

Ahora, prepare las alubias. Ponga la cebolla y el ajo en una cacerola mediana con el aceite, a fuego medio, y deje cocer hasta que queden tiernas (no deben dorarse).

A continuación, añada los tomates, el sirope de agave, el concentrado de tomate y unos cuantos copos de guindilla (si lo desea) –añádalos poco a poco y deje cocer unos minutos antes de probarlo; siempre está a tiempo de añadir más, pero una vez en la cazuela ya no podrá quitarlos– y luego lleve a ebullición a fuego suave. Deje cocer hasta que reduzca un tercio. Deje templar un poco y páselo a la batidora para triturarlo.

Lave las alubias bajo un chorro de agua fría y páselas a una sartén con 100 g de la salsa de tomate a fuego medio, removiendo de vez en cuando. Cuando las alubias estén calientes, añada un poco de sal, si es necesario, al gusto.

Para servir, disponga 3 pastas de maíz en cada plato con un montoncito de alubias al lado.

Barrita de desayuno SoulSaver

Si tiene remordimientos porque se salta el desayuno o toma un producto procesado y azucarado, entonces ¡deténgase! Esta barrita es lo único que necesitará. Cubre todas las bases nutricionales, de modo que no es necesario recurrir a nada más.

Salud Una barrita completa: contiene carbohidratos de IG bajo, grasas saludables y proteínas, además de ser fuente de muchos micronutrientes vitales para un día productivo.

Consejo Para variar, pruébela con unas gotas de su esencia preferida o su aceite esencial favorito: a nosotros nos ha gustado con menta y con agua de azahar.

SALEN 6

- 25 g de semillas de chía
- 45 g de zumo de manzana
- 100 g de aceite de coco
- 100 g de sirope de agave
- 30 g de copos de avena
- 90 g de copos de quinoa
- 35 g de avellanas troceadas
- 25 g de bayas goji
- 25 g de semillas de girasol
- 35 g de proteína de suero de leche sin sabor
- 3 cucharaditas de espirulina
- 1 cucharadita de jengibre picado fino
- 2 cucharaditas de cacao en polvo
- ½ cucharadita de canela en polvo

Quemar Divida la barra en 8 raciones.

Desarrollar Divida la barra en 5 raciones.

Precaliente el horno a 170 °C / gas potencia 3, y forre un molde rectangular de medio kilo con papel vegetal.

Remoje las semillas de chía en el zumo de manzana en una taza o cuenco pequeño durante una hora.

En un cazo derrita el aceite de coco y el sirope de agave.

En la batidora o en un cuenco grande con una cuchara de madera, mezcle la avena, la quinoa, las avellanas, las bayas goji, las semillas de girasol y la proteína de suero de leche. Luego añada la mezcla de coco y agave con la chía remojada y el jugo. Con una amasadora de palas o una cuchara de madera, mézclelo todo junto. Divida la masa en tres partes iguales.

Ponga un tercio en el molde preparado y presione.

Mezcle otro tercio con la espirulina y el jengibre, y luego sobre la tabla de cortar, dele la forma aproximada de la base del molde. Pase este tercio al molde, sobre la primera capa, presionando un poco con una espátula para rellenar el espacio, si es necesario.

Con el último tercio, mezcle el cacao y la canela y repita la operación anterior para formar una tercera capa en el molde. Cubra con papel de aluminio y hornee 25 minutos. Retire del horno y deje enfriar en el molde antes de cortar en raciones. Una ración es una sexta parte del molde, por tanto, corte 6 raciones y guárdelas en un recipiente hermético, donde las barritas se conservarán 5 días.

TENTEMPIÉS

Galletas de alforfón

Salsa de col verde para picar

Salsa de alubias para picar

Salsa de hierbas y edamame

Galletas de zanahoria
y alcaravea

Salsa de alubias con galletas de zanahoria y alcaravea

Olvídese de comprar las salsas para picar y prepárelas en casa. Esta versión con alubias blancas es consistente, cremosa y deliciosa, y las galletas son una buena alternativa al pan de pita.

Salud Las alubias son fuente de fibra buena para combatir el colesterol. Ayudan a ralentizar la subida del nivel de azúcar en sangre tras una comida.

Consejo Si queda salsa, añádala a una ensalada en lugar del aliño habitual.

4 RACIONES

PARA LAS GALLETAS:

250 g de pulpa de zanahoria (véanse las pp. 230 y 236)

1 cucharada de semillas de chía

1 cucharadita de semillas de alcaravea

1 cucharadita de semillas de hinojo

2 cucharaditas de almendras molidas

una pizca de sal

¼ de cucharadita de granos de pimienta negra machacados

30 ml de agua

PARA LA SALSA:

400 g de alubias blancas de manteca, escurridas

1 cucharadita de pasta de chipotle

50 g de queso quark

100 ml de leche desnatada

¼ de cucharadita de sal, al gusto

Precaliente el horno a la temperatura mínima (nosotros lo utilizamos a 90 °C), y necesitará una bandeja de horno.

Mezcle los ingredientes para las galletas en un cuenco y reserve 30 minutos.

Sobre una superficie de trabajo, disponga la mezcla entre 2 hojas de papel vegetal y pase el rodillo hasta que quede de unos 3-4 mm de grosor. Pase las hojas, con la mezcla en medio, a la bandeja de horno, y retire y deseche la hoja de papel de la parte superior.

Hornee 2 horas. Luego retire del horno y marque la placa en cuartos con un cuchillo.

Disponga las galletas de nuevo sobre la bandeja y vuelva a hornear 3-4 horas hasta que se sequen por completo. Se conservarán 5 días en un recipiente hermético.

Mientras, prepare la salsa. Ponga las alubias, el chipotle y el queso en el vaso de la batidora y triture hasta obtener una crema suave, vaya añadiendo leche, según sea necesario, para conseguir la consistencia deseada. Añada sal al gusto, y sirva con las galletas.

Salsa de col verde para picar con guisantes mollares

Ideal para una fiesta o como merienda libre de remordimientos. El requesón aporta cremosidad a esta deliciosa salsa sin añadir calorías.

Salud La col verde (kale) es una buena fuente de lo que se conoce como hierro no hemo, que representa una buena aportación de hierro para los vegetarianos.

Deporte El requesón proporciona una buena cantidad de caseína (proteína de liberación lenta), por lo que es ideal tomarlo antes de dormir para ir alimentando la musculatura.

2 RACIONES

50 g de col verde (kale), hojas separadas de los tallos

150 g de requesón bajo en grasa

1 ½ cucharaditas de pasta de ajo asado (véase la receta)

copos de guindilla seca, al gusto

zumo fresco de limón, al gusto

150 g de guisantes mollares, para servir

PARA LA PASTA DE AJO ASADO:

4 cabezas de ajo

Precaliente el horno a 180 °C / gas potencia 4. Primero, prepare la pasta de ajo asado. Envuelva las cabezas en papel de aluminio, dispóngalas sobre una bandeja de horno y áselas 35-40 minutos. Para comprobar si están listas, abra el aluminio, pinche con un cuchillo afilado el lado de uno de los bulbos: el ajo del interior debe ser de color dorado; si no, deje en el horno 10-12 minutos más. Saque del horno y deje templar un poco. Con unas tijeras, corte la parte superior de cada bulbo y presione para pasar los ajos a un cuenco. Con un tenedor, chafe el ajo y reserve en un recipiente hermético en el frigorífico. (La pasta se conserva en el frigorífico una semana.)

Cueza la col verde al vapor 4 minutos. Pase a un escurridor y enfríe bajo el chorro de agua fría. Presione con una cuchara para que suelte toda el agua posible. Ponga la col, el requesón y la pasta de ajo en el vaso de la batidora y triture bien. Añada la guindilla y el zumo de limón, al gusto. Sirva con guisantes mollares.

Salsa de hierbas y edamame con galletas de alforfón

¡No se sienta culpable de picar este tentempié fresco y aromático tanto como guste! Esta salsa de edamame es sabrosa y nutritiva, ideal para variar del típico hummus.

Consejo Para variar, elimine las hojas de menta y añada chile y un chorrito de lima para darle un sabor asiático.

Deporte Las habas de soja son un tentempié popular entre los atletas. Son ricas en proteínas y uno de los pocos alimentos vegetales que contienen todos los aminoácidos esenciales.

4 RACIONES

PARA LAS GALLETAS DE ALFORFÓN (8 RACIONES)

- 200 g de semillas de alforfón
- 60 g de proteína de arroz integral
- 2 cucharaditas de granos de pimienta rosa
- 1 ½ cucharaditas de semillas de mostaza negra
- 1 cucharada de aceite de oliva virgen extra
- 150 ml de agua

PARA LA SALSA:

- 250 g de edamame
- 100 g de yogur griego
- 2 ramitas de hojas de menta
- 5 g de cilantro
- 2 cucharaditas de aceite de oliva virgen extra
- sal marina y pimienta negra recién molida, al gusto

Precaliente el horno a 140 °C / gas potencia 1, y forre una bandeja de horno con papel vegetal.

Para preparar las galletas, ponga todos los ingredientes secos en el vaso de la batidora y tritúrelos hasta obtener una consistencia como de harina gruesa. Pase la mezcla a un cuenco grande, añada el aceite y tres cuartas partes del agua y amase; es posible que necesite añadir el resto del agua poco a poco hasta que la masa ligue.

Ponga una hoja de papel vegetal sobre la superficie de trabajo y deposite la masa encima. Con las manos, allane la masa hasta formar algo parecido a un rectángulo. Luego coloque otra hoja de papel vegetal encima y, con el rodillo, aplane la masa hasta que tenga un grosor de unos 3-4 mm. Retire la hoja de la parte superior, recorte los bordes para que queden más bonitos y divida la masa en trozos de 5 x 3 cm.

Pase los trozos a la bandeja preparada y hornee 30 minutos. Deles la vuelta y hornee 30 minutos más o hasta que se sequen del todo. Sirva una ración de 30 g de galletas con una cuarta parte de la salsa.

Para la salsa, simplemente triture todos los ingredientes hasta obtener una pasta suave; sirva enseguida.

Personalice el acompañamiento de las salsas

 Mantener Sirva con galletas de zanahoria y alcaravea.

Quemar Sirva con hortalizas crudas.

 Desarrollar Sirva con galletas de alforfón.

Bolitas de manchego y chipotle

Estos bocados sin gluten son ideales como aperitivo o para picar antes de cenar cuando se tienen invitados.

Salud Los boniatos poseen un IG más bajo que las patatas. Están repletos de vitamina C y betacaroteno, un tipo de pigmento beneficioso para el sistema inmunitario y la vista.

Deporte Estos deliciosos bocados son ricos en carbohidratos, por lo que están indicados para reponer las reservas de glucógeno después del ejercicio físico.

SALEN 20 / 4 RACIONES

PARA LAS BOLITAS:

4 boniatos (peso total de alrededor de 1 kg)

80 g de queso manchego, rallado fino

100 g de maíz dulce

50 g de harina de alforfón

1 cucharadita de pasta de chipotle

1 cucharadita de levadura en polvo sin gluten

1 huevo

1 cucharadita de sal

PARA LA SALSA DE YOGUR DE CILANTRO Y LIMA:

160 g de yogur griego

ralladura fina de ½ lima

zumo de 1 lima

1 cucharadita de sirope de agave

10 g de hojas de cilantro, troceadas

Precaliente el horno a 180 °C / gas potencia 4, y forre una bandeja de horno con papel vegetal.

Pele los boniatos y páselos por la licuadora, retire los trozos más grandes que caigan con la pulpa. Ponga 180 g de pulpa en un cuenco grande.

Añada el queso manchego y el resto de ingredientes, y mézclelo todo para obtener una masa con consistencia.

Con la masa, forme 20 bolitas del tamaño de una nuez, dispóngalas sobre la bandeja de horno y hornee 18-20 minutos.

Mientras, prepare la salsa de yogur con cilantro y lima mezclando todos los ingredientes, y reserve en un cuenco.

Retire las bolitas del horno y sirva una ración (5 bolitas) con la salsa picante al lado.

Bocados de remolacha y pavo

Estos bocados bajos en carbohidratos son ideales para proporcionar energía y combatir la pereza de la tarde.

Salud La remolacha es rica en vitaminas y minerales y está repleta de antioxidantes antiedad.

Deporte El pavo y las semillas de chía aportan proteínas a estos tentempiés, lo cual los hace idóneos para tomar antes o después de un entreno.

6 RACIONES

- 300 g de remolacha cruda
- 200 g de carne de pavo picada
- 30 g de semillas de chía
- 2 cucharaditas de pasta de ajo asado (véase la p. 106)
- 1 cucharadita de mostaza de grano entero
- 3 huevos
- ¼ de cucharadita de pimienta blanca molida
- un dado de 1 cm de jengibre, picado
- 1 ½ cucharaditas de semillas de hinojo
- 1 cucharadita de levadura en polvo sin gluten
- ¾ de cucharadita de sal

Pele la remolacha y pásela por la licuadora, vacíe la pulpa en un cuenco y descarte los trozos grandes que hayan caído en ella. Reserve 150 g de la pulpa; utilice el zumo para preparar la Remolacha para el ánimo (p. 229).

Ponga la pulpa con el resto de ingredientes en un bol, con una cuchara de madera mezcle bien hasta que todo ligue. Deje reposar una hora.

Precaliente el horno a 170 °C / gas potencia 3, y forre una bandeja de horno con papel vegetal o utilice un molde de silicona para el horno con agujeros individuales en forma de botones.

Pase la mezcla a los moldes o póngala sobre la bandeja preparada y allánela con una espátula, según precise. Hornee 10-12 minutos.

Retire del horno, deje templar unos minutos y desmolde o vuelque la bandeja sobre una tabla de cortar y divídalo en cuadrados de 2 cm. Una porción son 80 g o unos 6 bocados.

Barritas de anacardos y limón

Barritas sabrosas, sin cocción y mínima preparación que saben a capricho sin ser demasiado dulces.

Salud Repletas de fibra y grasas monoinsaturadas, estas barritas matan el gusanillo del hambre y a la vez satisfacen las ganas de algo dulce.

Deporte Un tentempié fantástico como carburante: tómelo una hora antes del ejercicio para disponer de energía de liberación rápida y entrenar duro.

SALEN 8

225 g de anacardos
40 g de pasas doradas
30 g de sirope de agave
ralladura fina y zumo de 2 limones
25 g de quinoa hinchada
25 g de arroz hinchado sin endulzar

Ponga los anacardos y las pasas en el vaso de la batidora y triture hasta que la mezcla empiece a pegarse. Pase a un cuenco grande, incorpore el sirope de agave y la ralladura y el zumo de limón y mezcle bien con una cuchara de madera, luego incorpore la quinoa y el arroz.

Forre una bandeja de horno con papel vegetal, disponga la mezcla encima y allánela. Cubra con otra hoja de papel vegetal y ponga otra bandeja encima. Presione la bandeja superior para compactar la mezcla y deposite un peso sobre la misma. Refrigere 2 horas.

Saque del frigorífico, vuelque la mezcla sobre una tabla de cortar y divídala en 8 trozos. Una ración es un trozo.

Bocados de jengibre

Estos bocados fáciles de hacer aportan el sabor tradicional de las galletas de jengibre sin estar cargados de ingredientes refinados ni grasas pesadas.

Consejo Disfrútelos como bocaditos para merendar o forme barras más grandes para obtener energía para entrenar.

Salud Este tentempié cargado de fibra (gracias a los dátiles) ayuda a mejorar la digestión y el tránsito intestinal.

6 RACIONES

200 g de dátiles deshuesados
50 g de nueces pacanas
50 g de almendras en láminas
1 cucharadita de extracto de vainilla
2 cucharaditas de agua
½ cucharadita de canela en polvo
½ cucharadita de jengibre en polvo
50 g de almendras molidas, y más para espolvorear

Precaliente el horno a 120 °C / gas potencia ½, y necesitará 2 bandejas de horno, una de ellas forrada con papel vegetal. Ponga los dátiles sobre una bandeja y hornee 10-12 minutos hasta que se ablanden. Saque del horno y reserve. Mientras, en la batidora, triture los frutos secos hasta obtener una harina gruesa.

Pase los dátiles al procesador de alimentos con la pala de batir y trabájelos hasta que queden hechos pulpa. Agregue los frutos secos, el extracto de vainilla, el agua y las especias. Mezcle bien para combinarlo todo. Poco a poco añada las almendras hasta que se forme una masa firme. (Si no dispone de procesador de alimentos, mezcle los ingredientes en un cuenco con las manos –tenga cuidado porque los dátiles estarán calientes; tal vez deba dejarlos templar antes–. Luego pase la masa a una superficie de trabajo y amásela hasta que los dátiles se desmenucen por completo y quede una consistencia de pasta.)

Pase la pasta a la bandeja preparada y allánela con una cuchara. Refrigere al menos 2 horas. Cuando esté compacta, sáquela del frigorífico y pásela a una tabla de cortar. Divida en 36 dados, espolvoree con almendras molidas y haga rodar los dados para que se impregnen bien. Sirva 6 dados o 60 g por ración. Estos bocados se conservan 2 semanas en un recipiente hermético.

Palomitas de beicon y jarabe de arce

Estas palomitas maravillosamente sabrosas son saludables y nutritivas, a pesar de su aspecto. El sabor ahumado del beicon y del jarabe de arce llena este bol de adictivas palomitas dulces y saladas que no querrá compartir.

Salud El aceite de coco es la parte más rica en nutrientes del coco. Es una manera fantástica de incorporar grasas saludables a la dieta.

Deporte El cinc del jarabe de arce ayuda a mantener la inmunidad sean cuales sean las exigencias de su entrenamiento.

4 RACIONES

4 lonchas de beicon inglés
100 g de jarabe de arce
1 cucharadita de aceite de coco
50 g de granos de maíz crudo

Precaliente el horno a 160 °C / gas potencia 2 ½.

Recorte la grasa del beicon y píquelo. Póngalo en una bandeja antiadherente y hornéelo 15-20 minutos. Remuévalo cada 5 minutos hasta que quede crujiente y dorado. Cuando esté listo, sáquelo del horno y baje la temperatura a 120 °C / gas potencia ½. Caliente el jarabe de arce a fuego medio en un cazo hasta que reduzca a la mitad.

Mientras, ponga el aceite y el maíz en una sartén grande con tapa. Tápela y sacuda para que todo el maíz quede impregnado de aceite. Ponga la sartén a fuego de bajo a medio y espere unos minutos a que el maíz empiece a saltar. Cuando el ruido de las palomitas vaya cesando y se escuche cada 5 segundos, retire del fuego (ahora puede retirar los granos que no se hayan abierto, si lo desea) y vierta sobre las palomitas el jarabe y el beicon. Mezcle bien y pase a una bandeja de horno. Hornee otros 15-20 minutos. Reparta en 4 raciones y sirva o bien conserve en un recipiente hermético hasta 5 días.

Galletas de parmesano y tomates secos

Quizás no se le haya ocurrido esta combinación de sabores pero, créanos, funciona a las mil maravillas. Conserve las galletas en un recipiente hermético o en el congelador para otro día.

Salud Esta combinación de ingredientes cubre diversos objetivos nutricionales, dado que son fuente de calcio, grasas monoinsaturadas y vitamina C.

Consejo Estas galletas se pueden congelar, de modo que si ha hecho demasiadas, no se preocupe. Envuélvalas en papel film transparente y guárdelas en el congelador.

SALEN 10

1 huevo

100 g de mantequilla fácil de untar ligera

½ cucharadita de levadura en polvo

175 g de harina blanca

50 g de nueces, troceadas

50 g de tomates secos, troceados

20 g de semillas de girasol

30 g de espinacas, troceadas

½ cucharadita de tomillo, solo las hojas, picadas

50 g de queso parmesano, rallado fino

En el vaso de una batidora con pala, o en un cuenco grande y con una cuchara de madera, bata el huevo con la mantequilla. Añada el resto de ingredientes y mezcle bien.

Disponga una capa doble de papel film transparente (de unos 60 cm de ancho) sobre una superficie de trabajo. Ponga la mezcla a lo largo del extremo más cercano a usted en forma de salchicha. Luego enróllela y ate los extremos, retorciendo el papel film para presionar. Deje reposar en el frigorífico durante al menos una hora.

Mientras, precaliente el horno a 170 °C / gas potencia 3, y forre una bandeja de horno con papel vegetal.

Saque la masa del frigorífico y córtela en 10 rodajas, desechando un poco de masa de los extremos. Disponga las rodajas sobre la bandeja y hornee 15-20 minutos. Cuando estén listas las galletas, sáquelas del horno y deje templar en una rejilla. Una galleta equivale a una ración.

Recalentar las galletas congeladas: cuando vaya a recalentarlas, póngalas sobre una bandeja y hornéelas (a 160 °C / gas potencia 2 ½) 8-10 minutos para que queden crujientes.

Magdalenas de violeta y frambuesa

Las magdalenas no tienen por qué ser pesadas y azucaradas; bien hechas pueden resultar sabrosas, ligeras y –esto es lo mejor– saludables. Estas de violeta y frambuesa son una verdadera delicia.

Salud No solo son ricas en proteínas, estas magdalenas también están repletas de fruta de alto contenido en antioxidantes.

Consejo Experimente con sabores: utilice extracto de vainilla y arándanos rojos para darles sabor estacional.

SALEN 6

60 ml de leche desnatada

4 gotas de esencia (extracto) de violeta

75 g de harina sin gluten

50 g de proteína de suero de leche sin sabor

1 cucharadita de levadura en polvo sin gluten

55 g de mantequilla fácil de untar ligera

115 g de azúcar de coco

1 huevo

150 g de frambuesas, chafadas

Precaliente el horno a 180 °C / gas potencia 4, y forre un molde para 6 o 12 magdalenas con 6 cápsulas de papel.

Con la batidora de mano, bata la leche con la esencia de violeta.

En un cuenco, mezcle la harina y la proteína con la levadura.

Luego en un cuenco grande, con varillas eléctricas, bata la mantequilla con el azúcar de coco hasta que quede una consistencia ligera y esponjosa, entonces incorpore y bata el huevo.

Mezcle la mitad de la mezcla seca con la mezcla de mantequilla y huevo y a continuación añada la mitad de la leche, luego incorpore el resto de las mezclas hasta que quede todo bien integrado. Al final, con una espátula, agregue las frambuesas y rellene los moldes con la masa.

Hornee 18-20 minutos. Las magdalenas estarán listas cuando al introducir un palillo en el centro, este salga limpio.

Saque del horno, deje templar en el molde 10 minutos y luego póngalas sobre una rejilla. Se conservan en un recipiente hermético 3 días.

Magdalenas proteicas de pesto y polenta

¿Quién dice que las magdalenas deban ser dulces? Esta exquisita combinación de pesto y polenta cambiará su opinión sobre las magdalenas saladas. Horneadas hasta dorarse, estas magdalenas son un deleite.

Consejo Disfrútelas calientes. Si no va a comerlas enseguida, se conservan bien en un recipiente hermético en el frigorífico.

Deporte Son perfectas para después del entreno. La combinación de proteína de suero de leche con la polenta le ayudará a reponer las reservas de carbohidratos y reconstruir músculo.

SALEN 6

- 100 g de hojas tiernas de espinacas
- 30 g de albahaca
- 1 huevo
- 25 g de parmesano rallado
- 55 ml de aceite de oliva virgen extra
- 2 dientes de ajo
- 45 g de piñones
- 45 g de proteína de suero de leche sin sabor
- 65 g de polenta
- ¼ de cucharadita de goma xantana
- 1 ½ cucharaditas de levadura en polvo sin gluten
- 5 g de caldo vegetal ecológico (½ cubito o 1 ½ cucharadita de caldo en polvo)
- ½ cucharadita de sal
- ¼ de cucharadita de pimienta blanca
- 2 claras de huevo

Precaliente el horno a 180 °C / gas potencia 4, y forre un molde para 6 o 12 magdalenas con 6 cápsulas de papel.

Hierva un poco de agua en una olla. Eche las espinacas y la albahaca en el agua 30 segundos, luego escúrralas y enfríelas en un cuenco con agua y hielo. Escurra en un colador y presione con una cuchara grande. Trocéelas, luego añada el resto de ingredientes, excepto las claras de huevo, a un bol grande y, con una espátula, mézclelo todo.

En otro cuenco grande, con varillas eléctricas, bata las claras hasta que formen picos suaves. A continuación, incorpore con cuidado las claras a la mezcla con espinacas y reparta la masa entre las cápsulas del molde.

Hornee 18-20 minutos. Las magdalenas estarán listas cuando al introducir un palillo en el centro, este salga limpio.

Saque del horno, deje templar en el molde 10 minutos y luego póngalas sobre una rejilla. Conserve las magdalenas que no se hayan devorado calientes en un recipiente hermético dentro del frigorífico hasta que vaya a tomarlas.

Galletas de avena, naranja y jengibre

Galletas tradicionales pero con un toque saludable y un sabor intenso. Perfectas para hacer en cantidad y compartir con amigos y familiares.

Salud Este capricho dulce incorpora beneficios para el sistema inmunitario. Las propiedades antibacterianas del jengibre y la miel hacen que este tentempié esté indicado para evitar resfriados.

Deporte Ideal para tener a mano cuando salga al campo de deporte o el gimnasio, para cuando necesite energía o tras una sesión especialmente dura.

SALEN 15

375 g de miel
375 g de mantequilla fácil de untar ligera
600 g de copos de avena
30 g de proteína de suero de leche sin sabor
ralladura fina de 1 naranja
50 g de jengibre en conserva (confitado), picado

Precaliente el horno a 160 °C / gas potencia 2 ½, y forre una bandeja de horno con papel vegetal.

Derrita la miel con la mantequilla en un cazo grande a fuego bajo. Retire del fuego, añada la avena, la proteína, la ralladura de naranja y el jengibre, y mezcle bien con una cuchara de madera.

Pase la mezcla a la bandeja preparada y hornee 20-25 minutos hasta que se dore. Retire del horno y deje templar.

Dele la vuelta a la galleta sobre una tabla de cortar y divídala en 15 trozos. Un trozo equivale a una ración para tomar como tentempié. Estas galletas de avena se conservan 7 días en un recipiente hermético.

Carquiñoles

Estas delicias crujientes son perfectas para servirlas con una taza de café caliente. Es un capricho dulce que no le costará kilos.

Consejo Pruebe los carquiñoles con cerezas Montmorency en lugar de arándanos: son deliciosos y pueden favorecer el alivio del dolor muscular después del ejercicio físico.

Deporte Este bocado repleto de proteínas es bajo en grasas y azúcares, por lo tanto, ideal para después de un entreno.

8 RACIONES

60 g de harina integral

60 g de proteína de suero de leche sin sabor

90 g de miel clara

ralladura fina de ½ limón

½ cucharadita de extracto de vainilla

¾ de cucharadita de levadura en polvo sin gluten

2 huevos

130 g de arándanos secos

70 g de avellanas

Precaliente el horno a 160 °C / gas potencia 2 ½, y forre 2 bandejas con papel vegetal.

Mezcle la harina, la proteína, la miel, la ralladura de limón, el extracto de vainilla y la levadura en un cuenco grande.

Bata un poco los huevos, luego incorpórelos poco a poco al cuenco con los otros ingredientes para que se vaya formando la masa. Por último, añada los arándanos y las avellanas y remueva bien.

Divida la masa en dos partes y forme una salchicha de unos 15 cm con cada una. Colóquelas sobre la bandeja con papel vegetal y hornee 18-20 minutos hasta que queden firmes.

Saque del horno y deje templar unos minutos. Mientras, baje la potencia del fuego al mínimo.

Con un cuchillo de sierra grande, corte las «salchichas» en rodajas de 1 cm de grosor y dispóngalas sobre las bandejas. Vuelva a hornear 70-80 minutos o hasta que los carquiñoles queden totalmente secos. Se conservan 3-5 días en un recipiente hermético.

Barritas de arroz hinchado con orejones y chocolate

Estas barritas dulces, deliciosas y elásticas ayudan a saciar las ganas de azúcar. Además, el arroz hinchado mantiene el estómago saciado entre las comidas.

Salud El betacaroteno de los orejones los hace especialmente ricos en vitamina A, esencial para el crecimiento celular.

Deporte Disfrute de esta barrita como un fantástico refrigerio postentreno.

SALEN 6

160 g de miel
20 g de coco deshidratado
25 g de almendras en láminas
75 g de orejones
15 g de puntillas de cacao
30 g de arroz hinchado sin endulzar
½ cucharadita de extracto de vainilla
50 g de chocolate blanco

Forre un molde rectangular de 450 g con papel vegetal.

En un cacito a fuego medio reduzca la miel a la mitad.

Ponga el resto de los ingredientes, excepto el chocolate blanco, en un cuenco grande y vierta la miel encima. Mezcle con una cuchara de madera hasta que quede todo bien impregnado.

Pase la mezcla al molde preparado y coloque otra hoja de papel vegetal encima. Con las manos, presione firmemente para que la mezcla llegue a todos los rincones y la superficie quede plana. Refrigere 2 horas.

Desmolde, disponga sobre una tabla de cortar, retire el papel vegetal y divídala en 6 barritas.

Para terminar, derrita el chocolate en el microondas a baja potencia a intervalos de 15 segundos (1 minuto en total). Vierta el chocolate fundido en una manga pastelera y, con una boquilla fina, rocíe las barritas.

Barrita energética definitiva

Esta saludable barrita será su salvación cuando le haga falta despejarse a media tarde o precise retomar energía a media mañana. Es la combinación definitiva de grasas buenas, carbohidratos y proteínas que le dará fuerzas para seguir con su actividad diaria.

Salud La quinoa hinchada es un buen ingrediente para las barritas energéticas crudas. Es rica en proteínas completas y presenta el doble de fibra que casi cualquier cereal.

Consejo Córtela en daditos y disfrute de un par para reponer energías sin necesidad de detenerse.

SALEN 8

- 40 g de aceite de coco
- 40 g de quinoa hinchada
- 40 g de semillas de alforfón
- 40 g de puntillas de cacao
- 40 g de semillas de calabaza
- 40 g de arándanos secos
- 40 g de arándanos rojos secos
- ½ cucharadita de extracto de vainilla
- 75 g de proteína de suero de leche sin sabor
- 2 cucharaditas de cacao en polvo
- 2 cucharadas de miel
- 4 cucharaditas de xilitol
- 1 huevo, algo batido
- 30 ml de agua

Precaliente el horno a 160 °C / gas potencia 2 ½, y forre un molde desmontable cuadrado de 18 cm con papel vegetal.

En un cacito derrita el aceite de coco.

Ponga el resto de ingredientes en un cuenco grande y, con una cuchara de madera, mezcle bien. Incorpore el aceite y remueva.

Pase la mezcla al molde preparado y allánela con una cuchara. Hornee 15 minutos hasta que quede firme. Luego saque del horno, deje templar en el molde brevemente y páselo a una rejilla. Una vez frío, desmolde sobre una tabla de cortar y divídalo en 8 trozos. Sirva un trozo por ración.

Barritas de caramelo y chocolate

Esta receta es una versión del clásico británico *Millionaire's shortbread* de chocolate dulce y amargo y galleta, unidos entre si con una capa de caramelo de dátiles.

Salud Esta versión es baja en grasas gracias al queso quark, que es una fuente rica en caseína, por lo que también resulta una buena manera de alimentar la musculatura.

Consejo Si desea una barrita con capas de galleta y caramelo más gruesas, prepárela en un molde cuadrado de 15 cm y hornee la galleta 5-7 minutos más.

SALEN 12

110 g de harina integral
60 g de harina de maíz
60 g de azúcar extrafino rubio
110 g de mantequilla sin sal, en dados
240 g de dátiles deshuesados
150 g de queso quark
100 g de chocolate negro (mínimo 70 por ciento de cacao)

Precaliente el horno a 170 °C / gas potencia 3, y engrase y forre un molde desmontable cuadrado de 18 cm con papel vegetal (forre solo el fondo).

Ponga las harinas y el azúcar en el vaso del procesador de alimentos. Actívelo a la velocidad más lenta y añada poco a poco la mantequilla hasta obtener una textura como de migas. Vuelque sobre una superficie de trabajo y amase suavemente hasta que ligue; procure no trabajar la masa en exceso.

Pase la masa al molde y presiónela para distribuirla uniformemente. Deje reposar 20 minutos.

Hornee 20 minutos hasta que quede casi firme por el centro. Saque del horno y deje templar al menos 10 minutos.

Mientras, caliente los dátiles en una bandeja de horno durante 5-6 minutos y luego páselos al procesador de alimentos. Triture 1 minuto, agregue el queso y triture de nuevo hasta que quede una textura homogénea.

Vierta la mezcla sobre la base de galleta, luego disponga un papel vegetal encima y presione hasta que quede bien extendida. Retire el papel y deséchelo.

Derrita el chocolate en un cuenco resistente al calor sobre un cazo con agua hirviendo. Una vez derretido, vierta el chocolate sobre el caramelo de dátiles y con una espátula extiéndalo bien. Refrigere una hora.

Cuando vaya a servir, desmolde, póngalo sobre una tabla de cortar y divida en 12 trozos.

Tarta de chocolate sin harina con mantequilla de pistacho

Esta es una buena receta para las personas con intolerancia al trigo o al gluten. Es un pastel de textura supersuave y gran sabor a chocolate: un capricho sin pasarse demasiado.

Consejo Si no le gusta la idea de la mantequilla de pistacho, pruebe el queso de fresas para untar de la p. 83.

Deporte Con el cáñamo en polvo y los huevos (que contienen todos los aminoácidos esenciales), este tentempié es ideal para el crecimiento y la reparación muscular.

8 RACIONES

PARA LA MANTEQUILLA DE PISTACHO:

70 g de pistachos descascarillados

50 g de mantequilla de almendra

1 ½ cucharaditas de miel

PARA EL PASTEL:

80 g de chocolate negro (mínimo 70 por ciento de cacao)

75 g de aceite de coco

4 huevos, separadas las claras de las yemas

40 g de xilitol

25 g de cáñamo en polvo

1 cucharadita de bicarbonato

1 cucharadita de cacao en polvo

En la batidora, triture los pistachos con la mantequilla de almendra y la miel hasta obtener una crema suave. Reserve en un recipiente hermético. Sirva una ración de 20 g de esta mantequilla con cada ración de pastel.

Precaliente el horno a 170 °C / gas potencia 3, y engrase un molde desmontable redondo de 20 cm.

Derrita el chocolate con el aceite de coco en un bol resistente al calor sobre una olla de agua hirviendo.

En un cuenco grande, con varillas eléctricas o el procesador de alimentos, bata las yemas con el xilitol hasta que queden ligeras y esponjosas. Cuando detenga las varillas y las retire del cuenco, la mezcla que gotee debería tardar unos segundos en hundirse en el bol.

Con una espátula, incorpore con cuidado el chocolate fundido en la mezcla del huevo. Luego agregue el resto de ingredientes secos hasta que queden bien mezclados.

En otro cuenco, bata las claras hasta que formen picos suaves e incorpórelas en la mezcla con suavidad. Vierta toda la masa en el molde preparado y hornee 25 minutos.

Saque del horno, deje templar en el molde brevemente y luego póngalo sobre una rejilla. Corte en 8 raciones cuando esté frío.

Brownies de remolacha

El chocolate posee beneficios para la salud y puede ayudar a mantener el hambre a raya. Marídelo con remolacha dulce y obtendrá un tentempié o postre sabrosísimo que puede sofisticar con yogur o avena espolvoreada por encima.

Salud El chocolate con mayor contenido de cacao (80 por ciento y más) puede ayudar a controlar los niveles de azúcar en sangre y además es bueno para levantar el ánimo.

Deporte Los niveles elevados de proteína y moderados de carbohidratos hacen de este un tentempié ideal para después del ejercicio.

SALEN 10

125 g de remolacha cocida (nosotros usamos la envasada al vacío con su jugo)

125 g de mantequilla fácil de untar ligera

125 g de chocolate negro (mínimo 70 por ciento de cacao)

2 huevos grandes

65 g de azúcar moreno suave

60 g de xilitol

75 g de harina leudante integral

PARA EL TOQUE DE AVENA:

100 g de copos de avena

10 g de sirope de agave

½ cucharadita de canela en polvo

PARA EL YOGUR DE NARANJA (10 RACIONES):

550 g de yogur griego

12 g de ralladura de naranja

20 ml de zumo de naranja

75 g de sirope de agave

50 g de proteína de suero de leche sin sabor

Precaliente el horno a 180 °C / gas potencia 4, y forre un molde rectangular de 30 x 15 cm (o dimensiones similares) con papel vegetal.

Escurra el líquido de la remolacha y, con la parte gruesa de un rallador de queso, rállela en un bol.

A continuación, en un cuenco resistente al calor colocado sobre una olla de agua hirviendo, derrita la mantequilla con el chocolate, y reserve.

Con unas varillas eléctricas, bata los huevos, el azúcar y el xilitol hasta que queden ligeros y esponjosos. Sabrá que la consistencia es la adecuada cuando, al detener las varillas y retirarlas del cuenco, la mezcla que gotee tarde unos segundos en hundirse en el bol.

Incorpore con cuidado el chocolate a la mezcla de huevos y azúcar con una espátula. Luego agregue la harina seguida de la remolacha.

Vierta la mezcla en la bandeja preparada, donde debería cubrir una profundidad de 1-1,5 cm. Hornee 20-25 minutos. Los brownies estarán listos cuando al pincharlos con un palillo este salga con solo unas migas pegadas. Peque por defecto más que por exceso en la cocción, ya que estos brownies quedan mejor poco hechos que demasiado cocidos.

Saque del horno y deje templar en el molde antes de pasarlo sobre una tabla de cortar y divídalo en 10 trozos.

Para el toque de avena, mezcle los ingredientes y hornee en una bandeja en el horno precalentado 5 minutos hasta que se doren. Saque del horno, deje templar y reserve.

En un cuenco, mezcle los ingredientes para el yogur con una cuchara hasta que quede una crema homogénea. Sirva una cucharada de yogur de naranja y 15 g de avena con cada ración de brownie.

Quemar Siga la receta pero sustituya la harina leudante por almendras molidas (una harina baja en carbohidratos) al preparar los brownies.

Mantener Omita el aditamento de avena.

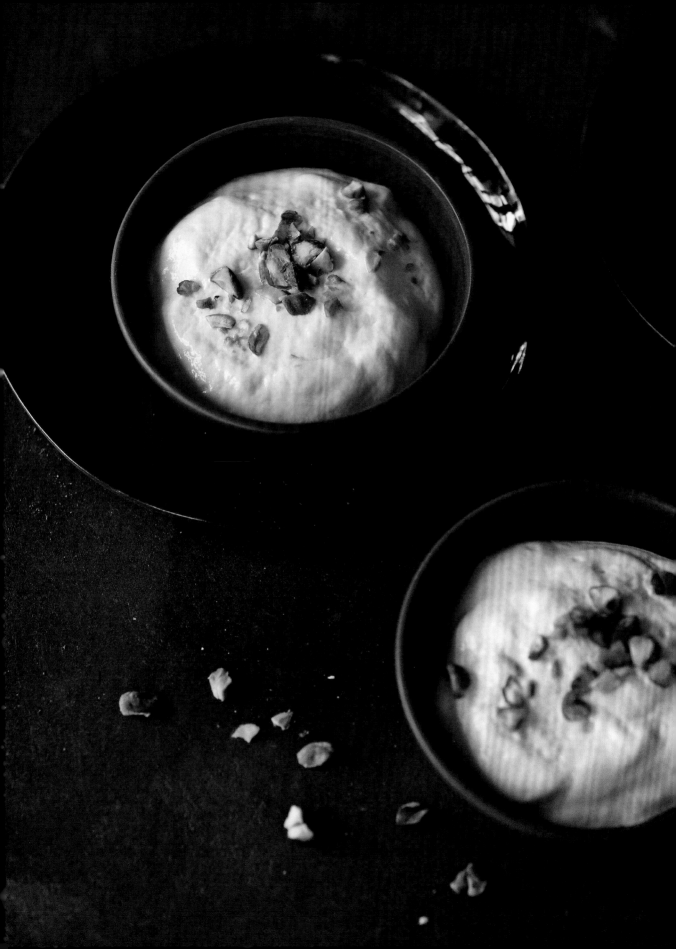

Mousse de azafrán y miel con pistachos

Este tentempié rápido y fácil también sirve de postre festivo (¡qué bien!). Disfrute a placer de sus sabores de Oriente, y olvídese de sinsabores que no orienten a Quemar.

Salud El yogur griego es más que un remedio para el hambre, también es una buena fuente de calcio, indispensable para unos huesos fuertes y unos dientes sanos.

Deporte Este tentempié contiene una buena cantidad de proteína, presente en el yogur y los pistachos, por lo que resulta un somnífero idóneo para tomar antes de acostarse.

2 RACIONES

- 1 clara de huevo pequeña
- 1 cucharadita de agua
- unas 15 hebras de azafrán
- 150 g de yogur griego
- 25 g de miel
- 25 g de pistachos, troceados

En un cuenco, mezcle la clara de huevo con el agua y el azafrán. Deje reposar 30 minutos.

Mientras, mezcle el yogur con la miel en otro cuenco.

Cuele la clara para retirar el azafrán. Bata la clara de huevo con un batidor de globo o eléctrico hasta que se formen picos suaves. Luego utilice una cuchara de madera para incorporar la clara en el yogur con miel, con cuidado de no batir demasiado, ya que la mousse debe ser lo más ligera posible.

Para servir, reparta la mousse en 2 boles o vasos y espolvoree el pistacho por encima.

Crema de mango y chía

Cargue las pilas por la mañana, por la tarde o antes del entreno con este exótico capricho rápido de preparar. Sabe a paraíso tropical de textura delicada. Estamos seguros de que le sabrá a poco.

Consejo Si le gusta más cremoso, sustituya el zumo de naranja por leche de coco y un chorrito de agua como deliciosa alternativa.

Salud Las semillas de chía son especialmente ricas en ácidos grasos omega 3, por lo que resultan muy nutritivas y ayudan a reducir la presión arterial.

2 RACIONES

1 mango
100 ml de zumo de naranja recién exprimido
40 g de semillas de chía
60 g de semillas de granada

Pele el mango y retire el hueso. Luego con la batidora, triture el mango para obtener un puré.

Incorpore el zumo de naranja y las semillas de chía y refrigere una hora.

Reparta en 2 boles o copas y disponga las semillas de granada por encima.

Piruletas de frambuesa y coco al queso

No guarde estas piruletas al queso bajas en grasas para los niños; son ideales para todos los que sean jóvenes de corazón.

Salud Este capricho congelado muy bajo en grasas aporta proteínas, por lo que puede disfrutarlo con la seguridad de que es bueno para su organismo.

Consejo Además de elaborar piruletas, se puede tomar este tentempié como alternativa al helado. Deje el cuadrado en el congelador sin enrollar hasta que se congele por completo y sirva una cucharada por ración.

8 RACIONES

60 g de queso para untar bajo en grasa

50 g de queso quark

25 g de sirope de agave

40 ml de leche de coco baja en grasas

½ cucharadita de goma xantana

50 g de frambuesas

2 galletas de jengibre

8 palillos de bambú (solo se usa el extremo puntiagudo)

En el vaso de la batidora, triture el queso para untar, el queso quark, el sirope de agave, la leche de coco y la goma xantana hasta obtener una crema homogénea.

En un cuenco pequeño, chafe un poco las frambuesas con un tenedor. Rompa las galletas en trocitos.

Corte 2 hojas cuadradas de papel film transparente de unos 40 cm cada una, y extiéndalas sobre una bandeja en la encimera.

Vierta la mezcla de queso encima y extiéndala para formar un cuadrado, de unos 15 cm de lado. Espolvoree con las frambuesas y los trocitos de galleta y meta la bandeja con la mezcla en el congelador 20 minutos.

Saque del congelador, envuelva el paquete en forma de salchicha y ate ambos extremos. Devuélvalo al congelador hasta que se congele por completo. Mientras, con unas tijeras, corte los palillos por la mitad.

Saque la mezcla congelada del congelador y dispóngala sobre una tabla de cortar. Haga 8 rodajas con un cuchillo de sierra y retire el papel film (o corte con un cortapastas pequeño). Pinche cada rodaja por el lateral con un palillo y sirva (recorte el palillo si es necesario). Si no va a consumir todas las piruletas, vuelva a congelarlas en un recipiente hermético.

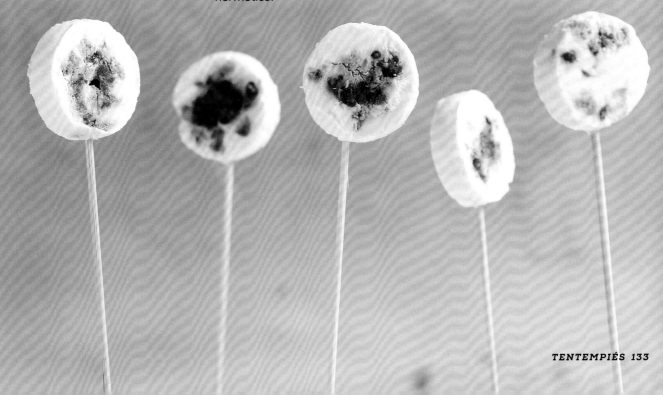

Koftas de cordero con tzatziki de remolacha

Este tentempié siempre triunfa con mis amigos, ya que está lleno de sabor y varía un poco del tzatziki habitual. Prepárelo y compártalo después de un entreno o partido.

Salud Se ha descubierto que el zumaque reduce los niveles de azúcar en sangre, cosa que evita enfermedades a largo plazo como la diabetes o la obesidad.

Consejo Prepare la mezcla el día anterior para que las especias suelten su sabor. Cubra el bol con papel film transparente y métalo en el frigorífico.

SALEN 6

PARA LAS KOFTAS:

300 g de carne de cordero picada

ralladura fina de ½ limón

½ cucharadita de comino

½ cucharadita de pimentón

½ cucharadita de zumaque

¼ de cucharadita de copos de guindilla seca

1 diente de ajo, picado fino

½ cucharadita de pimienta de Jamaica molida

¾ de cucharadita de sal marina

¼ de cucharadita de pimienta negra molida

6 pinchos de madera

PARA EL TZATZIKI DE REMOLACHA:

¼ de pepino, sin semillas

120 g de yogur griego desnatado

½ diente de ajo, picado muy fino

6 hojas de menta, picadas

una pizca de sal, al gusto

10 g de remolacha licuada u 8 ml de zumo de remolacha

Primero prepare el tzatziki de remolacha. Corte el pepino en daditos (1 cm), y en un bol mézclelo con el resto de ingredientes. Métalo en el frigorífico y deje reposar 30 minutos antes de servir.

Precaliente el horno a 180 °C / gas potencia 4, y forre una bandeja con papel vegetal.

Ponga todos los ingredientes para las koftas en un bol y mézclelos con una cuchara de madera hasta combinarlos bien.

Divida la mezcla en 6 partes y dé forma de salchicha a cada una. Luego inserte un pincho por el extremo de cada kofta y hornee 10-12 minutos.

Sirva 3 koftas por ración con el tzatziki.

▽ **Quemar** Sirva 2 koftas por ración.

△ **Desarrollar** Sirva 3 koftas por ración, envueltas en una tortilla rellena con ensalada.

Bocaditos BLT con aguacate, lima y chile

Esta fantástica versión del bocadillo tradicional de beicon, lechuga y tomate (BLT) incluye aguacate, que aporta cremosidad, y chile y lima, que proporcionan un sabor picante y animan este minitentempié.

Salud La capsaicina de los chiles es un compuesto termogénico, que aumenta la tasa metabólica y favorece el proceso de combustión de grasa.

Consejo Para un bocado aún más magro, utilice beicon de pavo en lugar del beicon inglés.

2 RACIONES

- 4 lonchas de beicon inglés
- 35 g de lechuga tipo cogollo o cos (romana), en tiras
- 50 g de tomates cherry partidos por la mitad
- ½ chile pequeño, sin semillas y en tiras finas
- ralladura fina y zumo de ½ lima
- 1 tortilla integral
- ½ aguacate, deshuesado y en dados

Precaliente el gratinador a potencia media-alta. Mientras, recorte la grasa del beicon y hornéelo hasta que se dore por ambos lados. Deje templar un poco y trocéelo.

Mezcle la lechuga, los tomates, el chile y la ralladura de lima en un cuenco.

Caliente la tortilla bajo el gratinador 30 segundos por cada lado.

Luego simplemente disponga los ingredientes a lo largo de la parte central de la tortilla y rocíe con el zumo de lima. Doble 3 lados hacia el centro y enrolle como si fuera un burrito, corte por la mitad o en cuartos y sírvalo.

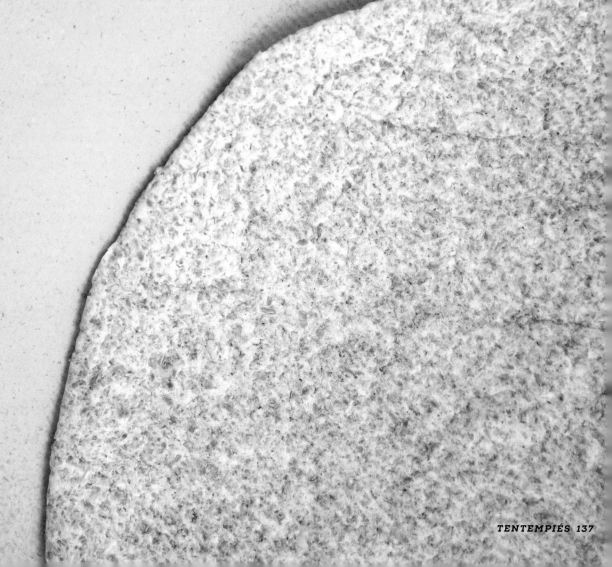

Rollitos vietnamitas con salsa fragante

Estos bonitos rollos están llenos de texturas variadas y sabores interesantes. Una mezcla de hortalizas crudas, hierbas aromáticas y fideos blandos, todo en un envoltorio a modo de tentempié o entrante ideal.

Salud Estos rollos no contienen gluten, son bajos en grasas y ricos en vitaminas. Rellénelos con toda la verdura que pueda para que sean lo más saludables posible.

Consejo Los que gusten del picante pueden añadir chile rojo en tiritas finas a la mezcla de verduras.

2 RACIONES

PARA EL RELLENO:

70 g de langostinos, solomillo de cerdo o pechuga de pollo, cocidos y cortados en tiras

1 zanahoria pequeña, pelada y rallada

3 cebolletas, en láminas finas

½ lechuga tipo cogollo, en tiras

50 g de pepino, pelado y rallado

5 g de hojas de cilantro, troceadas

6 obleas de arroz vietnamitas, rehidratadas

PARA LA SALSA:

8 lichis, pelados y deshuesados

un trozo de 1 cm de jengibre

un trozo de 1 cm de caña de limón

¼ de cucharadita de copos de guindilla seca

½ diente de ajo

1 cucharadita de miel

½ cucharadita de salsa de soja clara

zumo de ½ lima

Primero prepare los ingredientes y divídalos en 6 porciones iguales.

Disponga cada oblea de arroz sobre un plato. Ponga una porción de cada ingrediente en el centro de cada oblea y enróllelas en forma de miniburrito.

Luego prepare la salsa. En la batidora, triture todos los ingredientes hasta que quede una salsa homogénea. Pásela a un cuenco o un plato poco hondo.

Sirva 3 rollitos por ración junto a la salsa para que pueda mojarlos.

COMIDAS PRINCIPALES

Crema de coliflor con pimiento a las especias marroquíes

La combinación de pimientos asados con coliflor mezclados con especias marroquíes y salsa harisa hacen irresistible esta potente crema de verduras.

Salud Los pimientos rojos se cuentan entre las mejores fuentes de vitamina C, que ayuda a mantener la inmunidad además de ejercer de poderoso antioxidante.

Consejo Esta crema puede congelarse; prepare una buena cantidad y congélela para disponer de un almuerzo rápido para llevar al trabajo o tomar el fin de semana.

2 RACIONES

- 3 pimientos rojos
- 1 coliflor pequeña, en rodajas
- ¼ de cebolla, en láminas
- 1 diente de ajo, troceado
- ¼ de cucharadita de canela molida
- ½ cucharadita de pimienta de Jamaica molida
- 2,5 g de caldo vegetal (¼ de cubito o ¾ de cucharadita en polvo)
- 800 ml de leche entera
- 1 cucharadita de pasta harisa
- sal marina y pimienta negra recién molida

Precaliente el horno a 200 °C / gas potencia 6, y necesitará una bandeja de horno.

Corte los pimientos y deseche el tallo y las semillas. En una bandeja de horno, áselos 10-15 minutos hasta que se ablanden.

Ponga la coliflor, la cebolla y el ajo, junto con la canela, la pimienta de Jamaica, el caldo y la leche en una olla con tapa y lleve a ebullición. Deje hervir suavemente hasta que la coliflor quede tierna.

Retire los pimientos del horno y páselos a la batidora junto con la harisa y triture hasta obtener una crema homogénea. Salpimiente al gusto y reserve.

Enjuague el vaso de la batidora y pase la mezcla de la coliflor de la olla al vaso de la batidora y triture bien. Añada más leche si es necesario para obtener la consistencia deseada. Salpimiente al gusto.

Para servir, vuelva a calentar suavemente la crema de coliflor y el puré de pimientos en cazos separados. Vierta la crema de coliflor en 2 boles y añada unas cucharadas de puré de pimientos en el centro de cada bol.

Mantener Al final, añada 40 g de garbanzos cocidos por ración a la crema.

Desarrollar Además de añadir los garbanzos (véase a la izquierda), sírvase pita crujiente. Tome la mitad de un pan de pita integral (por ración) y rómpalo en trozos para tostarlos al horno (a 120 °C / gas potencia ½) hasta que queden crujientes.

Crema de apio nabo, vainilla y estragón

Cuando hace frío todo lo que uno necesita es un buen plato de crema caliente y sustanciosa. La temporada del apio nabo va de septiembre a abril, y este nudoso vegetal se apareja aquí con los aromas deliciosos de la vainilla y el estragón.

Salud Esta crema está cargada de propiedades antibacterianas gracias al ajo, al jengibre y a la cebolla: perfecta para mantener a raya los resfriados.

Deporte El apio nabo aporta una beneficiosa cantidad de vitamina K. además, la leche contiene calcio, bueno para mantener los huesos fuertes.

2 RACIONES

- ¼ de cebolla, troceada
- 1 apio nabo (de unos 600 g de peso), troceado
- 1 diente de ajo, picado
- un trozo de jengibre de 1 cm, picado
- semillas de 1 vaina de vainilla
- 1 cucharadita de semillas de mostaza negra
- 700 ml de leche desnatada
- ½ cucharadita de caldo vegetal ecológico en polvo
- sal marina, al gusto
- 2-3 ramitas de estragón, y más para decorar (opcional)

Ponga todos los ingredientes (excepto la sal y el estragón) en una olla con tapa. Cubra y lleve a ebullición. Luego deje hervir suavemente hasta que el apio nabo quede tierno.

Pase el contenido de la olla al vaso de la batidora y triture hasta obtener una crema homogénea, añadiendo más leche si es necesario. Sale al gusto.

Retire las hojas del estragón, añádalas a la crema y triture de nuevo 10-15 segundos. Para servir, vuelva a calentar a fuego bajo, reparta en 2 boles y decore con unas cuantas hojas más de estragón.

Sopa superverde de cebada perlada

Reúna energía para todas las actividades al aire libre con esta cálida sopa. La combinación de carbohidratos complejos de liberación lenta le mantendrá activo más tiempo.

Salud Además de aportar energía de liberación lenta, esta sopa superverde posee abundantes micronutrientes que favorecen la inmunidad del organismo.

Deporte Las dietas líquidas pueden ser útiles para los atletas que deseen aumentar o reducir peso con rapidez. Esta sopa le permite ingerir las calorías y obtener los nutrientes.

4 RACIONES

- ½ zanahoria mediana, en dados
- ¼ de boniato mediano, en dados
- ½ cebolla pequeña, en dados
- 1 rama de apio, en dados
- 1 cucharadita de aceite vegetal
- 1,3 litros de agua, y 100 ml más por si es necesaria para espesar
- 10 g de caldo vegetal ecológico (1 cubito o 3 cucharaditas en polvo)
- 2 ½ cucharaditas de hojas de tomillo
- 1 ½ cucharaditas de pasta de ajo asado (véase la p. 106)
- 80 g de cebada perlada
- 2 cucharaditas de harina de maíz
- 200 g de espinacas
- sal y pimienta blanca, al gusto

Ponga la zanahoria, el boniato, la cebolla y el apio en una olla a fuego medio. Luego añada el aceite y, cuando esté caliente, cocine las verduras 6-8 minutos hasta que empiecen a ablandarse.

Añada el agua, el caldo, el tomillo, el ajo y la cebada, y lleve a ebullición. Deje hervir suavemente 30-40 minutos hasta que las hortalizas y la cebada estén tiernas.

Retire del fuego y deje templar un poco. Pase al vaso de la batidora y triture hasta conseguir una textura homogénea. Devuelva a la olla y lleve de nuevo a ebullición. Si la sopa necesita espesar, mezcle la harina de maíz con 100 ml de agua en un vaso y viértalo en la sopa poco a poco, removiendo constantemente.

Ponga 50 g de las espinacas en la batidora y triture, añada 50 g más y siga triturando hasta acabar todas las espinacas. Añada este puré a la sopa y condimente. Sirva enseguida.

Si prepara la sopa con antelación, no añada el puré de espinacas hasta que vaya a servirla, si no, se desvanece el atractivo color verde.

Sopa clara de tomate y coco

Si bien no es el plato más rápido de preparar, ciertamente es uno que vale la espera. Lo mejor es servir esta sopa refrescante como cena estival fría.

Deporte El agua de coco posee elevados niveles de electrolitos esenciales para mantener y reponer los niveles de hidratación antes o después del entreno.

Consejo Se puede preparar el agua de tomate en cantidades grandes para congelar si encuentra usted una caja de tomates muy maduros a precio de oferta. Esta agua de tomate también es buena alternativa para hacer batidos y preparar un bloody Mary sin alcohol.

2 RACIONES

- 30 g de hojas de cilantro, y más para decorar
- 20 g de perejil de hoja plana
- un trozo de 2 cm de caña de limón
- 1,5 kg de tomates muy maduros
- 1 cucharadita de sal marina
- 250 ml de agua de coco
- 60 g de habas de soja, cocidas

Ponga el cilantro, el perejil y la caña de limón en un cuenco grande y disponga un colador encima. Moje una tela de muselina de 1 metro, escúrrala y dóblela por la mitad para colocarla sobre el colador.

Reserve 1 tomate y luego retire los tallos del resto de tomates, córtelos en cuartos y póngalos sobre la muselina en el colador. Espolvoree la sal sobre los tomates y doble los extremos de la muselina para taparlo todo. Meta el cuenco con los tomates en el frigorífico 24 horas (tal vez deba hacer espacio).

Al día siguiente, sáquelo del frigorífico y cuele las hierbas y el agua de tomate con un colador de malla fina y páselo a una jarra grande.

Añada el agua de coco y un poco más de sal, al gusto.

Pele el tomate que había reservado y corte la piel en tiras finas. Reserve de nuevo. Reparta las habas de soja en 2 boles, vierta la sopa enfriada y decore con unas hojas de cilantro y las tiras de piel de tomate.

Crema de calabaza, salvia y castañas

De textura espesa y cremosa, sin duda alguna esta copa va a gustar a todos. El dulzor de la calabaza crea un contraste agradable con el sabor intenso y a tierra de la salvia.

Salud La calabaza y las castañas son buenas fuentes de vitamina C y manganeso. La vitamina B6 de la calabaza es vital para la formación de hemoglobina.

Deporte El queso quark es bajo en grasas y rico en proteínas, de modo que aporta a esta crema una buena cantidad de proteínas.

2 RACIONES

- 1 calabaza (de unos 800 g de peso), pelada, sin semillas y cortada en trocitos
- 500 ml de agua
- 2 cucharaditas de caldo vegetal ecológico en polvo
- 50 g de queso quark o nata para cocinar
- sal marina, al gusto
- 1 cucharadita de hojas de salvia troceadas
- 3 cucharaditas de castañas dulces troceadas (utilice las que vienen envasadas al vacío)

Ponga la calabaza junto con la mitad del agua y el caldo en polvo en una olla con tapa y lleve a ebullición. Baje el fuego para mantener un hervor suave y deje cocer hasta que la calabaza esté tierna.

Pase el contenido de la olla al vaso de la batidora y triture junto con el queso (o nata) hasta que quede una crema homogénea, añada más agua si es necesario. Sale, al gusto.

Devuelva la crema a la olla y caliéntela de nuevo hasta que rompa a hervir. Reparta en 2 boles y eche la salvia y las castañas por encima.

Crema tailandesa de remolacha

Esta atractiva crema es de preparación sencilla pero está deliciosa. Entre en calor un día de invierno con este nutritivo plato de color vivo.

Salud Los electrolitos de la leche de coco pueden colaborar con la hidratación a lo largo del día.

Deporte La remolacha es una buena fuente de nitratos, que ayudan al organismo a rendir mejor con la misma cantidad de oxígeno.

2 RACIONES

- 350 g de remolacha cocida
- 10 g de caldo vegetal ecológico (1 cubito o 3 cucharaditas en polvo)
- 2 cucharaditas de pasta de curri rojo tailandés
- 300 ml de agua
- 220 ml de leche de coco
- sal marina, al gusto
- hojas de cilantro, para decorar

En el vaso de la batidora, triture la remolacha, el caldo, la pasta de curri y el agua hasta obtener una crema homogénea. Vierta en una olla y añada 200 ml de la leche de coco, removiendo bien. Lleve a ebullición y añada sal, al gusto.

Para servir, reparta en 2 boles y decore con la leche de coco restante y el cilantro.

Pollo con cuscús gigante, hinojo, pera y nueces

Pollo con cuscús gigante, hinojo, pera y nueces

Un plato fresco y afrutado que satisface el estómago sin sensación de pesadez.

Salud Las peras contienen gran cantidad de pectina (una fibra soluble en agua) que favorece la digestión y regula el azúcar en sangre.

Deporte Los antioxidantes de la granada ayudan a contrarrestar los dolores musculares después del ejercicio.

2 RACIONES

- 2 pechugas de pollo (un peso total de 240-280 g)
- ¾ de cucharadita de semillas de hinojo
- ½ cucharadita de semillas de comino
- una pizca de sal, y más al gusto
- 100 g de cuscús gigante
- 2 bulbos de hinojo grandes (unos 160 g de peso en total)
- 3 peras conference (unos 150 g de peso en total)
- 1 granada
- 1 ramita de perejil de hoja plana
- 1 ramita de cilantro
- 50 g de nueces, troceadas
- ralladura fina de ½ limón
- 15 g de miel

Precaliente el horno a 190 °C / gas potencia 5, y necesitará 2 bandejas de horno.

Ponga el pollo en una bandeja de horno y espolvoréelo con las semillas de hinojo y de comino y la sal. Áselo 15 minutos hasta que se cueza por dentro (si dispone de un termómetro para carne, la temperatura debería ser de 65 °C).

Cocine el cuscús según las instrucciones del envase, ya que el de grano grande varía de tamaño y los tiempos de cocción pueden variar bastante.

Lamine los bulbos de hinojo tan finos como pueda –a mí me gusta utilizar una mandolina japonesa– procurando no incluir nada de la parte dura de la raíz.

Pele las peras y límpielas de semillas, luego córtelas en trocitos, póngalas junto con el hinojo en una bandeja de horno y áselo todo 10-12 minutos.

Corte la granada por la mitad y retire las semillas. Para ello, sujete una mitad con la parte cortada sobre un bol y golpee firmemente el dorso con el rodillo hasta que caigan todas las semillas; repita la operación con la otra mitad. Corte las hojas de las hierbas aromáticas y píquelas.

Tome un tercio de los trozos de pera asada y, cháfelas con un tenedor para obtener un puré grueso.

En un cuenco grande, mezcle el cuscús, la pera, el puré de pera, el hinojo, las nueces, la ralladura de limón, la mitad de las hierbas aromáticas, la mitad de las semillas de granada y un poco de sal, si es necesaria, al gusto. Para servir, reparta esta mezcla en 2 boles, disponga el pollo encima y espolvoree con el resto de las hierbas y la granada.

Quemar Elimine el cuscús de la receta y añada 130 g de apio nabo en dados por ración. Ase el apio nabo junto con el hinojo y la pera.

Desarrollar Simplemente añada 30 g más de cuscús por ración.

Pollo con pesto y nata

Este plato rapidísimo y fácil de preparar es ideal para las noches en que no se dispone de tiempo pero se desea una cena nutritiva y deliciosa.

Salud Un plato completo, equilibrado y repleto de hortalizas beneficiosas para el sistema inmunitario.

Consejo Esta receta es versátil. Cambie las verduras por sus favoritas. Pruebe a añadir tomates maduros, pimientos Pepperdew, calabacín o berenjena.

2 RACIONES

120 g de boniato, en dados

2 pechugas de pollo (240 g de peso total), en dados

2 cucharaditas de aceite de oliva virgen extra

½ cebolla morada pequeña, troceada

70 g de champiñones, en cuartos

60 g de minimazorcas de maíz

1 diente de ajo, troceado

60 g de puntas de espárragos trigueros

100 g de tomates pera pequeños

200 g de nata baja en grasa

PARA EL PESTO:

30 g de hojas de albahaca, troceadas

25 g de piñones

15 g de queso parmesano, rallado

sal marina y pimienta negra recién molida, al gusto

Primero, prepare el pesto. En la batidora, triture la albahaca, los piñones y el parmesano para obtener una pasta homogénea. Salpimiente al gusto.

Hierva el boniato en una olla hasta que quede tierno pero firme.

Mientras, ponga el pollo y 1 cucharadita de aceite en una sartén caliente a fuego medio hasta que esté hecho (corte un trocito de pollo o utilice un termómetro de carne para comprobar que alcance los 65 °C). Vierta el pollo en un bol y devuelva la sartén al fuego y suba la potencia.

Añada el resto del aceite a la sartén junto con la cebolla, los champiñones, el maíz y el ajo, y rehogue 2 minutos, luego añada los espárragos y deje cocer 2 minutos más.

A continuación, agregue el pesto y el resto de ingredientes y mézclelo todo, cocine hasta que esté todo caliente y luego condimente al gusto. Reparta en 2 platos y sirva enseguida.

▽ **Quemar** Sustituya el boniato por el mismo peso por ración de zanahoria y cuézala junto con el resto de las verduras.

△ **Desarrollar** Hierva un «nido» de tallarines a las espinacas por ración y añádalo al resto de los ingredientes al final.

Pollo con pesto y nata

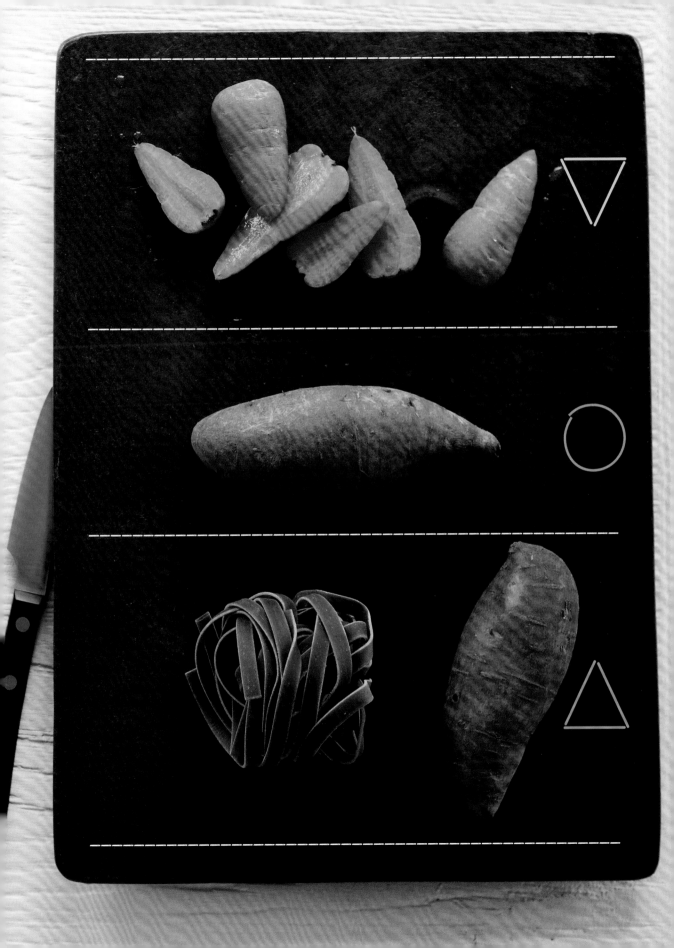

Fideos negros de sésamo con pato a la soja y el jengibre

Este plato de inspiración asiática impresiona a familiares y amigos al servirlo. Los sabores resultan sorprendentemente frescos además de poseer un toque crujiente.

Salud El jengibre es un potente agente antibacteriano, por lo que es útil para mantener la inmunidad.

Deporte Este plato es rico en vitamina B12, que puede ayudar a evitar la anemia megaloblástica: una enfermedad que reduce la capacidad de resistencia.

4 RACIONES

60 g de zanahorias

100 g de espárragos

10 g de chile rojo

40 g de cebolletas

40 g de minimazorcas de maíz

85 g de fideos de arroz negro crudos (340 g de peso, cocidos)

1 cucharadita de aceite de coco o colza, para freír

200 g de pechuga de pato, cortada en tiras

40 g de hojas tiernas de espinacas

40 g de habas de soja

85 g de guisantes mollares

5 g de semillas de sésamo blanco y negro, mezcladas

5 g de hojas de menta

10 g de jengibre encurtido, cortado en tiritas

40 g de anacardos

PARA EL ALIÑO DE JENGIBRE Y SOJA (SALE UNA JARRA):

85 g de jengibre confitado en sirope

5 cucharadas de zumo de limón

un trozo del tamaño del pulgar de jengibre fresco, pelado

5 cucharadas de salsa de soja

150 ml de aceite de oliva virgen extra

Con un pelador de verduras, pele las zanahorias y, una vez peladas, utilice el pelador para cortarlas en láminas, dejándolas caer en un cuenco grande.

Deseche la parte más leñosa de los trigueros y, con un pelador, córtelos en láminas, añadiéndolas a las de zanahoria.

Corte el chile rojo en ángulo y haga lo mismo con las cebolletas y el maíz, y échelo todo al cuenco.

Prepare el aliño. Triture el jengibre confitado con el zumo de limón y páselo por un colador; si no dispone de batidora, ralle antes el jengibre. A continuación, añada la salsa de soja y el aceite y mézclelo todo. Reserve. (Con la receta, sale más aliño del que se utiliza para este plato, de modo que se puede congelar en una bandeja para cubitos de hielo y descongelar un cubito para obtener el aliño necesario para esta receta de ensalada.)

Lleve una olla de agua a ebullición y cueza los fideos 8 minutos. Mientras, empiece a cocinar el pato. Ponga el aceite en una sartén grande o en un wok y fría el pato 2 minutos.

Cuando los fideos estén cocidos, escurra y mezcle con las hortalizas preparadas y añada el resto de ingredientes, con 1 cucharada de aliño al final. Remueva bien y reparta en 4 boles para acabar con el pato.

Quemar Siga las instrucciones de la receta, pero en lugar de fideos de arroz negro, utilice espaguetis de calabacín. Tome 50 g de calabacín y córtelo con un espiralizador o un mouli (utensilio japonés para cortar hortalizas); puede adquirirlos en tiendas de accesorios de cocina.

Desarrollar Siga las instrucciones de la receta, pero acabe con un poco de boniato asado y anacardos. Por tanto, antes de empezar a cocinar, precaliente el horno a 200 °C / gas potencia 6. Ase 50 g de boniato cortado en dados y rociado con un poco de aceite de girasol durante 20 minutos. Mézclelo con 20 g de anacardos y acabe la receta con este aditamento.

Sopa ramen de pollo con chile

Esta receta de inspiración oriental está repleta de sabores y nutrientes. Es un plato único fácil de preparar, ya que se añaden todos los ingredientes y se deja que los aromas frescos aromaticen el ligero caldo.

Salud La inmunidad es la clave en este plato rico en propiedades antibacterianas gracias al jengibre, chile y ajo.

Consejo Prepare una buena cantidad y conserve la mitad en el frigorífico un par de días; el sabor mejora con este tiempo.

2 RACIONES

2 pechugas de pollo (un peso total de 240-280 g)

1 pimiento rojo

1 col china

80 g de setas shiitake

60 g de minimazorcas de maíz

½ chile rojo, sin semillas

1 cucharadita de aceite de sésamo

40 g de brotes de soja

100 g de fideos de trigo integrales

PARA EL CALDO:

670 ml de agua

15 g de caldo de pollo ecológico (1 ½ cubitos)

8 g de caña de limón, troceada

un trozo de 2 cm de jengibre, pelado y troceado

1 chile rojo mediano, sin semillas y troceado

2 dientes de ajo, troceados

3 tomates para ensalada, en cuartos

40 g de cilantro, troceado, y más para decorar

2 ½ cucharadas de salsa de pescado

6 hojas de menta

4 cebolletas, troceadas

12 g de azúcar de palma

zumo de 1 lima

Primero, prepare el caldo. Ponga todos los ingredientes en una olla y lleve a ebullición, reduzca a un hervor suave y deje cocer 20 minutos. Retire del fuego y deje que los sabores se mezclen otros 20 minutos, luego cuele a una olla más grande.

Precaliente el horno a 180 °C / gas potencia 4, y necesitará una bandeja de horno.

En una sartén caliente o una plancha, dore el pollo por un lado (no es necesario usar aceite). Dispóngalo sobre la bandeja de horno con el lado dorado hacia arriba y áselo en el horno 15 minutos hasta que se cueza bien (si dispone de termómetro para carne, este debería marcar 65 °C). Sáquelo del horno y córtelo.

Caliente el caldo de nuevo y lleve a ebullición. Mientras, corte en tiras finas el pimiento, la col china, las setas, el maíz y el chile. Ponga el aceite en una sartén caliente, luego las hortalizas cortadas seguidas de los brotes de soja, y deje cocer 2-3 minutos a fuego fuerte.

A continuación, cueza los fideos según las instrucciones del envase y, cuando estén listos, escúrralos. Para servir, reparta el caldo caliente en 2 cuencos grandes, distribuya las hortalizas y los fideos, acabe con el pollo y decore con cilantro picado.

Quemar Sustituya los fideos de trigo por fideos de mooli (rábano japonés). Tome 120 g de rábano japonés por ración y, con un espiralizador, transfórmelos en fideos. Cueza al vapor 3-4 minutos.

Desarrollar Añada 15 g de anacardos y 25 g de fideos más por ración.

Rasam de Kerala

El rasam es un plato fenomenal y muy versátil: puede servirse como sopa o como curri con arroz. Sea como sea, las especias le abrigan a uno por dentro y por fuera.

Salud Las almendras son ricas en vitamina E, que protege las membranas celulares y la estructura celular.

Deporte Lleno de especias e ingredientes antioxidantes, este nutritivo plato puede ayudar a combatir el mayor estrés oxidativo causado por el ejercicio físico duro.

2 RACIONES

½ cucharadita de semillas de mostaza negra

semillas de 4 vainas de cardamomo

½ cucharadita de semillas de hinojo

1 cucharadita de comino molido

2 cucharaditas de cilantro molido

½ cucharadita de nuez moscada

2 clavos de olor

¼ de cucharadita de copos de guindilla

2 dientes de ajo

un dado de 1 cm de jengibre

200 ml de leche de coco baja en grasa

300 ml de leche de almendra

½ cucharadita de pasta de tamarindo

30 g de bayas goji

30 g de almendras molidas

1 boniato pequeño (unos 150 g de peso), en dados

1 chirivía, en dados

2 pechugas de pollo (un peso total de 280 g)

1 plátano, en rodajas

70 g de hojas de espinacas, troceadas

6 g de hojas de cilantro, troceadas

1 chile rojo, en rodajas, para decorar (opcional)

Precaliente el horno a 180 °C / gas potencia 4.

En una sartén en seco, a fuego lento, tueste las especias 2-3 minutos. A continuación, páselas al vaso de la batidora, añada el ajo, el jengibre y la mitad de la leche de coco y triture hasta que quede más bien homogéneo (1-1 ½ minutos). Ponga esta salsa junto con el resto de la leche de coco, la leche de almendra, la pasta de tamarindo, las bayas goji y las almendras molidas en una olla y lleve a ebullición. Luego baje el fuego para que hierva suavemente. A continuación, añada el boniato y la chirivía a la salsa y deje cocer 6-8 minutos.

En una sartén caliente o una plancha, dore el pollo por un lado (no es necesario usar aceite). Dispóngalo sobre la bandeja de horno con el lado dorado hacia arriba y áselo en el horno 15 minutos hasta que esté bien hecho (si dispone de termómetro para carne, este debería marcar 65 °C). Sáquelo del horno y córtelo.

Añada el plátano a la salsa y siga cociendo hasta que las hortalizas se ablanden; agregue más leche de almendra, si es necesario. Unos 2-3 minutos antes de finalizar la cocción, incorpore las espinacas. Para servir, reparta las verduras y la salsa en 2 boles, ponga el pollo encima y decore con el cilantro y el chile.

 Quemar Sustituya el boniato por 80 g de calabacín cortado en dados por cada ración y añádalo a la salsa junto con la chirivia.

 Desarrollar Sirva una ración de 50 g de arroz o pan indio tipo chapatti.

Pollo al azafrán con arroz con bayas de agracejo y mutabal

Este aromático plato de sabores de Oriente Medio y cocción lenta combina calidez, fragancia y diversidad de texturas, para culminar en un festín para los sentidos.

Salud Las bayas de agracejo persas poseen muchas propiedades: ayudan a reducir la presión arterial y tienen efectos antiinflamatorios.

Consejo Combine el arroz integral con otras proteínas como el pollo o el pescado. Para añadir más sabor, utilice caldo de pollo en lugar del agua de cocción.

2 RACIONES

- 4 muslos de pollo deshuesados y sin piel (un peso total de 350 g)
- 400 ml de agua
- 5 g de caldo de pollo ecológico (½ cubito)
- ½ estrella de anís
- 4 hojas de laurel
- 25 hebras de azafrán
- 2 dientes de ajo
- sal marina y pimienta negra recién molida
- 1 berenjena, partida por la mitad
- 2 ½ cucharaditas de aceite de oliva virgen extra
- ¾ de cucharadita de pasta de ajo asado (véase la p. 106)
- 1 ½ cucharaditas de tahina
- 1 cucharada de perejil picado
- zumo de ¼ de limón
- 1 cucharadita de pasta harisa
- 80 g de yogur griego
- 100 g de arroz basmati integral
- 20 g de bayas de agracejo
- ¼ de cebolla morada, picada
- ½ calabacín (unos 100 g), en dados
- 80 g de tomates cherry, partidos por la mitad
- ½ diente de ajo, troceado
- 20 g de rúcula

Precaliente el horno a 140 °C / gas potencia 1, y necesitará una fuente de horno de 2 litros de capacidad con tapa y una bandeja de horno.

Ponga el pollo, el agua, el caldo, el anís, las hojas de laurel y el azafrán en la fuente para el horno. Chafe los dientes de ajo y añádalos junto con una pizca de sal. Tape y hornee 3 horas, hasta que los muslos queden tiernos pero no se deshagan.

Mientras, ponga la berenjena cortada por la mitad en la bandeja para el horno con la piel hacia abajo. Rocíe cada mitad con ½ cucharadita de aceite y una pizca de sal y áselas 35-40 minutos. Cuando la berenjena esté lista, sáquela del horno y, con una cuchara, vacíe la pulpa y póngala en un cuenco. Añada ½ cucharadita de pasta de ajo asado y 1 cucharadita de aceite a la mezcla junto con la tahina, el perejil y el zumo de limón, y chafe con un tenedor. Condimente el mutabal a su gusto.

Mezcle la harisa con el resto de la pasta de ajo y el yogur en un cuenco y reserve en el frigorífico.

Cueza el arroz en una olla con agua hirviendo 20-25 minutos. Cinco minutos antes del fin de la cocción del arroz, agregue las bayas de agracejo a la olla. Cuando esté cocido, escúrralo y vuelva a ponerlo en la olla, incorpore la cebolla y añada una pizca de sal.

En una sartén caliente a fuego fuerte, agregue el resto del aceite junto con el calabacín. Rehogue 2 minutos y luego añada el tomate, el ajo y la rúcula. Deje cocer un minuto más, sale, al gusto, y sirva. Para servir, reparta el pollo asado en 2 boles, y sirva cada uno con la mitad del arroz, el calabacín, el yogur especiado y el mutabal.

▽ **Quemar** Utilice una ración de cuscús de coliflor (véase la p. 184) en lugar del arroz. Añada las bayas de agracejo con la coliflor, escurra y luego incorpore la cebolla y condimente.

△ **Desarrollar** Aumente la ración de arroz en un tercio o disfrute del plato con un pan de pita integral.

Pizza de fajita de pollo

Este plato fácil y rápido es un almuerzo ideal y aporta un equilibrio de proteínas, grasas y carbohidratos complejos. Puede tomarse caliente o frío, de modo que puede adaptarse a sus necesidades.

Salud Al complementarse con muchas verduras, esta pizza no solo satisface las papilas gustativas sino que además aporta dos raciones de hortalizas.

Consejo ¿Vienen los amigos a ver el partido? Prepare esta saludable pizza para ganar adeptos sin pasarse con las calorías.

2 RACIONES

- 2 pechugas de pollo (un peso total de 240-280 g)
- 2 cucharaditas de aceite vegetal, para freír
- 20 g de cilantro, picado
- sal marina y pimienta negra machacada
- 1 cebolla morada pequeña, en láminas finas
- 1 pimiento rojo pequeño o ½ pimiento grande, en tiras finas
- 1 pimiento amarillo pequeño o ½ pimiento grande, en tiras finas
- 1 chile fresco, sin semillas y en tiras finas
- 2 tortillas de trigo integral grandes
- 60 g de queso Cheddar, rallado

PARA LA SALSA:

- ½ cebolla
- ½ diente de ajo
- 1 cucharadita de aceite vegetal, para freír
- 400 g de tomates troceados en lata
- 10 g de sirope de agave
- 2 cucharadas de concentrado de tomate
- 1 cucharadita de condimento para fajitas

Primero prepare la salsa. Pique la cebolla y trocee o machaque el ajo, póngalos en una sartén mediana con el aceite a fuego medio y deje cocer hasta que se ablande la cebolla; no deje que se dore.

A continuación, añada los tomates, el sirope de agave, el concentrado de tomate y el condimento para fajitas y deje que hierva a fuego suave. Cueza hasta que reduzca a la mitad del volumen inicial. Deje templar un poco y luego páselo al vaso de la batidora y triture hasta obtener una textura homogénea.

Corte el pollo en dados pequeños, de 1-1,5 cm. Caliente 1 cucharadita de aceite en una sartén y cuando esté caliente, agregue el pollo. Rehogue 5-6 minutos a fuego fuerte y luego añada la mitad del cilantro y salpimiente.

Rehogue la cebolla, los pimientos y el chile en una sartén caliente con el resto del aceite 2-3 minutos. Luego caliente de nuevo la salsa de tomate y precaliente el gratinador a media potencia.

Ponga las tortillas bajo el gratinador 20 segundos por cada lado y páselas enseguida a 2 platos grandes. Extienda una cucharada de salsa sobre cada tortilla llegando hasta los bordes.

A continuación, reparta las verduras y el pollo entre las tortillas y luego añada el queso rallado. Ponga ambos platos bajo el gratinador 2-3 minutos para que el queso se funda. Decore con el resto del cilantro picado y sirva inmediatamente.

 Quemar Omita la tortilla y convierta este relleno en una buena ensalada añadiendo 80 g de hojas de lechugas variadas o con hojas de lechuga romana.

 Desarrollar Incluya una guarnición de cuñas de boniato. Precaliente el horno a 190 °C / gas potencia 5. Lave un boniato pequeño y córtelo en cuñas (no hace falta pelarlo). Úntelo con 1 cucharadita de aceite vegetal y una pizca de sal y hornee 20-25 minutos.

Pollo al chayote

Con el uso de esta fruta sudamericana incorpora usted una dimensión interesante a la receta, por lo que es ideal para servirla cuando hay invitados; seguro que les dará que hablar. El sabor ahumado de la salsa combina realmente bien con el dulzor de los pimientos y el higo chumbo.

Consejo Este plato va bien con cualquier tipo de proteína, de modo que si el pollo no le convence, pruébelo con pescado, tofu o incluso feta desmenuzado.

Deporte Rico en proteínas y carbohidratos, este plato es una buena cena después del entreno.

2 RACIONES

- 80 g de arroz integral de grano largo
- 40 g de alubias rojas cocidas
- 120 g de alubias blancas riñón cocidas (en conserva, si lo desea)
- 80 g de habas de soja (congeladas si lo desea, pero descongélelas antes de su uso)
- 2 cucharaditas de aceite vegetal, para freír
- 1 cebolla morada, en dados
- 1 pimiento amarillo o naranja, en dados
- 2 pechugas de pollo (un peso total de 280 g)
- 1 higo chumbo
- 1 cucharada de cilantro troceado
- 1 cucharada de albahaca troceada
- 1 cucharada de estragón troceado

PARA LA SALSA:

- 400 g de tomates en lata troceados
- 1 diente de ajo
- ½ cebolla pequeña
- 1 cucharadita de pasta de chipotle
- ¼ de cucharadita de comino molido
- ½ cucharadita de sirope de agave
- 1 cucharada de hojas de orégano troceadas

Primero prepare la salsa. En un cazo, ponga todos los ingredientes para la salsa, excepto el orégano. Lleve a ebullición y luego mantenga a fuego suave y deje cocer 5 minutos. Retire del fuego y agregue el orégano. Ahora, con una batidora de mano, triture la salsa. Vuelva a poner la salsa a fuego medio y deje reducir un poco más para que espese si es necesario. Después deberá calentarla de nuevo para servir.

Precaliente el horno a 180 °C / gas potencia 4. Luego hierva varios litros de agua en una olla grande y añada el arroz. Cocínelo 20-25 minutos hasta que esté casi listo. Cuando esté casi cocido, añada las alubias (rojas y blancas) y las habas de soja para que cuezan juntos los últimos minutos. Escurra el arroz y las alubias, vuelva a ponerlo todo en la olla, tape y reserve.

Caliente 1 cucharadita de aceite vegetal en una sartén y cuando esté caliente, añada la cebolla y los pimientos. Deje cocer 2-3 minutos y luego añádalo a la olla con el arroz y las alubias.

Caliente el resto del aceite en una sartén apta para el horno y cuando esté caliente cocine las pechugas de pollo hasta que se doren por un lado. Luego deles la vuelta y meta la sartén en el horno 10-12 minutos para que el pollo se ase por dentro. Saque del horno y deje reposar unos minutos antes de servir.

Mientras se hace el pollo (o incluso al principio), utilice un trapo de cocina para sujetar el higo chumbo (cuando lo compre, es posible que le hayan quitado las espinas, pero si queden algunas pequeñas pueden irritarle los dedos) y córtelo en cuartos a lo largo. Retire la pulpa con el cuchillo y córtelo en dados.

Incorpore las hierbas al arroz con alubias y reparta en 2 platos. Ponga encima la pechuga de pollo cortada, la salsa y los trozos de higo chumbo.

Quemar En lugar de utilizar arroz, sirva con un sofrito oriental elaborado con los otros ingredientes y 40 g adicionales de minimazorcas de maíz y 40 g de guisantes mollares por ración.

Desarrollar Aumente la cantidad de alubias rojas en 60 g por ración.

Caldo de pollo tom yum con fideos

Caldo de pollo tom yum con fideos

Un auténtico, delicioso y nutritivo caldo tailandés. Este plato cargado de hortalizas le ayudará a combatir los virus en los meses fríos del año. Añada tanto chile como desee si le gusta el picante.

Salud El sofrito oriental es una buena manera de preservar el contenido en micronutrientes de las hortalizas: al freírlas rápidamente los nutrientes quedan sellados en su interior.

Consejo Prepare el plato en los meses típicos de gripes y resfriados, ya que incluye abundantes ingredientes que favorecen el sistema inmunitario.

2 RACIONES

- 1 col china
- ½ pimiento rojo
- 5 minimazorcas de maíz
- 1 cebolleta
- 80 g de shiitake
- 20 g de hojas de cilantro
- 6 hojas de menta
- 100 g de tomates de pera
- un trozo de 2 cm de caña de limón
- 1 diente de ajo
- un dado de 1 cm de jengibre
- ½ chile rojo
- 600 ml de agua
- 10 ml de salsa de pescado tailandesa
- 10 g de caldo de pollo ecológico (1 cubito)
- 2 cucharaditas de sirope de agave
- zumo de ½ lima
- 80 g de fideos de arroz
- 2 pechugas de pollo (un peso total de 280 g)
- 1 cucharadita de aceite vegetal
- 20 g de brotes de soja

Corte en rodajas la col china, el pimiento, el maíz, la cebolleta y las setas, luego pique el cilantro y la menta.

Trocee los tomates, la caña de limón, el ajo, el jengibre y el chile. Póngalos en una olla con el agua, la salsa de pescado tailandesa, el caldo de pollo, el sirope de agave, el zumo de lima y la mitad del cilantro. Lleve a ebullición, baje el fuego y deje cocer suavemente 20 minutos más. Con la batidora, triture el contenido de la olla hasta que obtenga una sopa lo más homogénea posible. Reserve.

Cocine los fideos de arroz en abundante agua hirviendo 2-3 minutos hasta que queden tiernos y luego escúrralos y refrésquelos bajo un chorro de agua fría.

Precaliente un wok grande a fuego fuerte 3-4 minutos. Mientras, trocee el pollo en dados. Añada el aceite al wok y sofría el pollo 4-5 minutos. Luego agregue el resto de hortalizas y los brotes de soja y rehogue 2-3 minutos más.

Añada la «salsa» de la olla y los fideos y lleve de nuevo a ebullición. Incorpore la menta y el resto del cilantro y sirva.

▽ **Quemar** Sustituya los fideos de arroz por espaguetis de calabacín. Con una mandolina o espiralizador, prepare 80 g de espaguetis de calabacín por ración. Cocínelos en una olla de agua hirviendo con sal 2 minutos, escurra y sirva.

△ **Desarrollar** Prepare 80 g de espaguetis de calabaza por ración, con una mandolina, y añádalos a los fideos de arroz. Cocínelos en una olla de agua hirviendo con sal 4-5 minutos, escurra y sirva.

Ensalada tibia de feta, pavo y lentejas

El paradigma de receta invernal, de sabores e ingredientes sencillos, que se combinan para crear un plato saludable, saciante y delicioso a la vez.

Salud Las lentejas son ricas en fibra y, por tanto, una buena fuente de carbohidratos de bajo IG, que se olvida con facilidad cuando se piensa en carbohidratos saludables.

Deporte Los estudios han demostrado que los nitratos de la remolacha mejoran el rendimiento en pruebas de resistencia. ¡Nada le detendrá!

---

2 RACIONES

2 zanahorias

1 cebolla morada grande

3 remolachas

1 cucharadita de aceite vegetal

½ cucharadita de sal

150 g de lentejas verdinas

250 g de escalopa de pavo

ralladura fina de ½ limón

10 g de perifollo, troceado

40 g de crema de vinagre balsámico

30 g de hojas tiernas de espinacas

100 g de queso feta

Precaliente el horno a 180 °C / gas potencia 4, y necesitará una bandeja de horno.

Primero, prepare las verduras. Pele las zanahorias y córtelas por la mitad a lo largo, córtelas de nuevo en diagonal, desechando los extremos. Pele y trocee la cebolla. Pele la remolacha y córtela en cuñas y luego de nuevo por la mitad.

Disponga las hortalizas en la bandeja de horno y rocíelas con el aceite. Áselas 50-60 minutos hasta que estén tiernas.

Mientras, lleve una olla de agua a ebullición con la sal. Vierta las lentejas en la olla y cuézalas 18-20 minutos hasta que se hagan bien. Luego escúrralas. En una sartén apta para el horno, dore el pavo por un lado, dele la vuelta y cocínelo en el horno 8-10 minutos más. Sáquelo del horno y córtelo.

Ahora, monte la ensalada mezclando las lentejas, las zanahorias, la cebolla, la remolacha, la ralladura de limón y dos tercios del perifollo. Rocíe con la crema de vinagre balsámico y añada un poco de sal al gusto, si es necesario. Para servir, reparta las hojas de espinacas en 2 platos y ponga encima la mitad de la mezcla de lentejas con verduras, la mitad de las rodajas de pavo, el feta y el resto del perifollo, y remueva con cuidado.

Quemar Sustituya las lentejas por 80 g de judías verdes por ración, ligeramente cocidas y cortadas finas. Incorpórelas al final como si fueran las lentejas.

Desarrollar Añada 40 g de quinoa cocida por ración e incorpórela antes de emplatar.

Pollo con ñame, ensalada de alubias y aliño de pimientos

Suculenta pechuga de pollo con una deliciosa combinación de ñame asado al coco, ensalada fresca y crujiente de alubias, y un aliño espectacular de pimiento rojo. Prepare el plato para tomar una parte hoy y llevarse el resto para almorzar en el trabajo otro día.

Salud Rebosante de fibra, potasio y magnesio, el ñame es una fantástica fuente alternativa de carbohidratos.

Deporte Las alubias son una rica fuente de hierro y favorecen la producción de hemoglobina y glóbulos rojos, y por lo tanto el transporte eficiente de oxígeno a los músculos.

2 RACIONES

4 rodajas de ñame (unos 240 g de peso total)

2 cucharaditas de mantequilla de coco

2 pechugas de pollo (unos 280 g de peso total)

¼ de rama de apio, en láminas

1 cebolleta, en láminas

60 g de alubias blancas de manteca cocidas

60 g de habas de soja (descongeladas, por ejemplo)

60 g de alubias negras cocidas

60 g de alubias rojas cocidas

PARA EL ALIÑO DE PIMIENTO ROJO:

2 pimientos rojos

1 cucharadita de mostaza de grano entero

80 ml de zumo de naranja

½ cucharadita de salsa picante de pimiento Scotch Bonnet, al gusto

4 cucharadas de aceite de oliva

Precaliente el horno a 200 °C / gas potencia 6, y necesitará 2 bandejas de horno.

Primero, prepare el aliño. Corte la pulpa de los pimientos, descartando el tallo y las semillas. En la bandeja de horno, áselos 10-15 minutos hasta que se ablanden. Retire del horno y deje templar 5-10 minutos. Baje la potencia del horno a 170 °C / gas potencia 3.

Ponga los pimientos asados en el vaso de la batidora con la mostaza, el zumo de naranja y la salsa de pimiento Scotch Bonnet, y triture hasta obtener una salsa homogénea, luego poco a poco vierta el aceite de oliva. Reserve este aliño.

Pele y limpie cada rodaja de ñame para que cada una pese alrededor de 60 g. Póngalas en una olla con agua y sal y deje que cuezan 5-6 minutos hasta que empiecen a ablandarse y luego escúrralas.

En una sartén a fuego medio, derrita la mantequilla de coco y fría las rodajas de ñame 2-3 minutos por cada lado hasta que empiecen a dorarse. Pase a una bandeja de horno y áselas 12-15 minutos más.

Mientras, dore el pollo en la misma sartén hasta que se tueste por un lado. Páselo a la bandeja de horno y áselo 10-12 minutos, hasta que esté hecho (si dispone de termómetro para carne, debería marcar una temperatura de 65 °C).

Mezcle el apio con la cebolleta y las alubias en un cuenco.

Para servir, aliñe la ensalada con parte del aliño de pimiento rojo. Corte el pollo y dispóngalo con el ñame y la ensalada en 2 platos; rocíe con un poco más de aliño.

 Quemar Sustituya el ñame por el mismo peso en apio nabo y siga las mismas instrucciones y tiempos de cocción. No incluya las alubias blancas ni negras y, en su lugar, utilice un puñado de canónigos y guisantes mollares cortados por ración.

 Desarrollar Simplemente doble la cantidad de ñame utilizado.

Parmigiana di melanzane

Berenjenas asadas al horno con sabor a tomate y rellenas de mozzarella con una capa crujiente de parmesano, ¿a quién no le gusta esto? Esta receta es deliciosa y saludable.

Salud Este plato aporta un equilibrio idóneo de gran cantidad de vitaminas y minerales que mantienen el cuerpo sano y en buen funcionamiento.

Consejo Ya no hace falta salar las berenjenas para combatir su sabor amargo: las variedades modernas son mucho menos amargas.

2 RACIONES

- 1 berenjena, cortada en rodajas de 1 cm
- 1 calabacín, cortado en rodajas de 0,5 cm
- ½ cebolla pequeña, troceada
- 1 cucharadita de pasta de ajo asado (véase la p. 106)
- 400 g de tomate troceado en lata
- 1 cucharada de orégano troceado
- sal marina y pimienta negra recién molida
- 1 rebanada de pan multicereales
- 2 cucharaditas de aceite de oliva virgen extra
- 20 g de parmesano, rallado fino
- 60 g de mozzarella baja en grasa (1/2 bola)
- 2 pechugas de pollo (un peso total de 280 g)
- 80 g de tomates pera pequeños, en cuartos
- 2 cebolletas, en láminas finas
- 25 g de hojas tiernas de espinacas
- 25 g de rúcula
- 10 g de hojas de albahaca, troceadas

PARA EL ALIÑO:

- 2 cucharaditas de vinagre balsámico
- 4 cucharaditas de aceite de oliva virgen extra

Disponga las rodajas de berenjena y calabacín en una sartén caliente en seco y cocínelas hasta que queden blandas y un poco tostadas por ambos lados (necesitará hacerlo por tandas y mantener calientes las rodajas que estén listas).

Precaliente el horno a 180 °C / gas potencia 4, y necesitará una fuente de horno de 1,2-1,5 litros de capacidad y una bandeja de horno.

Ponga la cebolla y la pasta de ajo asado en una olla con los tomates. Lleve a ebullición y cocine hasta que reduzca un cuarto del volumen y espese un poco. A continuación, agregue el orégano y condimente al gusto. Retire del fuego.

En el procesador de alimentos, triture el pan para obtener migas gruesas e incorpore una cucharadita de aceite de oliva.

Extienda un poco de la salsa de tomate en el fondo de la fuente para el horno, luego una capa de berenjena y calabacín y un tercio del parmesano. Luego añada la mitad del resto de la salsa y del resto de verduras y otro tercio del parmesano. Para terminar, forme una capa con el resto de la salsa, unas rodajas de mozzarella, el resto del parmesano y las migas de pan. Hornee 25-35 minutos.

Mientras, cocine el pollo en una sartén caliente con 1 cucharadita de aceite hasta que se dore por un lado, dele la vuelta, pase a una bandeja de horno y áselo 10-12 minutos hasta que esté bien hecho (si dispone de un termómetro para carne, debería marcar 65 °C). Saque del horno y corte cada pechuga en 5 o 6 trozos.

En un bol grande, ponga el tomate, la cebolleta, las espinacas, la rúcula y la albahaca. En un recipiente pequeño con tapa hermética (o en un tarro de mermelada), mezcle los ingredientes del aliño y agite bien. Agregue este aliño a la ensalada del bol y remueva para que los ingredientes se impregnen bien.

Para servir, ponga la mitad de la ensalada a un lado de cada plato y disponga encima los trozos de pollo, luego reparta la parmigiana entre los 2 platos.

 Quemar No utilice las migas de pan y sustitúyalas por 10 g (2 cucharadas) de piñones picados y 20 g de garbanzos cocidos troceados.

Desarrollar Para cada porción, añada una lámina adicional de lasaña por capa o tome una ración de pan con semillas al ajo.

Korma con tubérculos de invierno

Este suave y cremoso curri será un éxito en la familia. Utilice las hortalizas de que disponga e incorpore ingredientes de temporada.

Salud Este curri incluye abundancia de verduras en un mismo plato: cada ración representa más de 2 de las 5 frutas y verduras recomendadas al día.

Deporte El jengibre y la cúrcuma son potentes antibióticos y pueden ayudar a reducir la tasa de infecciones tras cortes sufridos durante la práctica deportiva.

2 RACIONES

- ½ cucharadita de canela molida
- 1 cucharadita de comino molido
- 1 cucharadita de especias garam masala
- ½ cucharadita de cúrcuma molida
- ½ cucharadita de cilantro molido
- 1 diente de ajo, picado fino
- un trozo de 1,5 cm de jengibre, picado fino
- 200 ml de leche de coco
- ¼ de cucharadita de copos de guindilla seca
- 5 g de caldo vegetal ecológico (½ cubito o 1 ½ cucharaditas en polvo)
- 50 g de almendras molidas
- 80 g de brócoli
- 80 g de coliflor
- 80 g de apio nabo
- 80 g de boniato
- 1 cucharadita de aceite vegetal
- 300 g de escalopas de pavo, cortados en tiras finas
- 40 g de hojas de espinacas
- chile rojo en tiras, para decorar

En una sartén grande, tueste en seco las especias a fuego medio 3-4 minutos.

A continuación, añada el ajo, el jengibre, la leche de coco, los copos de guindilla, el caldo y las almendras molidas. Deje que cueza 5-6 minutos.

Rompa el brócoli y la coliflor en floretes pequeños, y pele y corte en dados el apio nabo y el boniato.

Cueza el apio nabo y el boniato en una olla con agua hirviendo 4 minutos. Luego añada la coliflor y el brócoli y deje cocer 4 minutos más. Escurra.

Precaliente una sartén grande a fuego fuerte con el aceite y fría el pavo 3-4 minutos. A continuación, agregue las hortalizas cocidas y deje cocer 3 minutos. Luego añada las espinacas a la salsa de leche de coco, siga cociendo hasta que las hojas queden mustias.

Reparta el korma en 2 boles, decore con tiras de chile rojo y sirva enseguida.

▽ **Quemar** Sustituya el boniato por 50 g de zanahoria en daditos. Añádala al inicio de la cocción, junto con el ajo y el jengibre.

△ **Desarrollar** Sirva una ración de arroz (60 g pesado en crudo) por persona o acompañe el plato con pan de chapata.

Quemar Siga los pasos de la receta (véase la página siguiente), pero sin incluir la quinoa, y sustitúyala por 500 g de canónigos. No hace falta mezclar el puré con los canónigos; utilícelo como condimento para la ensalada al completo.

Desarrollar Siga los pasos de la receta (véase la página siguiente), pero añada 50 g de anacardos y 30 g de garbanzos cocidos o 30 g de piñones tostados, lo que prefiera.

Ensalada superverde de mango y granada

Uno casi se siente más sano con solo mirar este plato de alimentos frescos, pero comerlo, además, resulta delicioso. Si no come usted carne, pruébelo con tofu troceado en lugar de pollo.

Salud Los compuestos de fenoles que se encuentran de forma natural en el mango pueden ayudar a proteger de algunas formas de cáncer.

Deporte La quinoa es una fuente de carbohidratos de muy lenta liberación, perfectos como combustible para las sesiones de entreno.

2 RACIONES

PARA LA «SALSA»:

- 60 g de hojas tiernas de espinacas
- 10 g de menta
- 10 g de cilantro
- 20 g de cebolleta
- ¼ de chile rojo
- 25 ml de aceite de oliva virgen extra

PARA LA ENSALADA:

- 200 g de quinoa cruda (400 g de peso cocida)
- 140 g de pechuga de pollo
- sal y pimienta negra
- aceite de oliva virgen extra, para freír
- 50 g de habas de soja
- 20 g de pimientos Peppadew, en cuartos
- 100 g de mango, pelado y troceado
- 45 g de semillas de granada
- 45 g de remolacha bicolor, pelada y en láminas finas
- 45 g de remolacha dorada, pelada y en láminas finas
- 45 g de queso feta
- brotes de rosa o de alfalfa, para decorar

Primero, prepare la «salsa». Póngalo todo en el vaso de la batidora y triture para obtener un puré. Reserve. Esta salsa la utilizará más adelante para darle un precioso tono verde a la quinoa cocida.

Cocine la quinoa en agua hirviendo 15 minutos. Una vez lista, escúrrala y deje templar.

Corte el pollo a lo largo para abrir la pechuga. Salpimiente, rocíe con aceite y fría en una sartén a fuego medio 4 minutos por cada lado. Retire del fuego y desmenuce el pollo.

Ahora, en un cuenco grande, mezcle la «salsa» con la quinoa. Luego incorpore las frutas y las verduras preparadas y remueva. Acabe desmenuzando el feta por encima. Para servir, reparta en 2 platos, ponga el pollo por encima y decore con los brotes de rosa.

Filete con ensalada de endibia y salsifíes fritos

Esta es nuestra versión del clásico filete con patatas. Si no encuentra salsifíes, puede utilizar chirivías. Sirva la ensalada que sobre con el almuerzo del día siguiente; consérvela en un recipiente hermético hasta que vaya a consumirla.

Salud El salsifí es un tubérculo relativamente pobre en hidratos de carbono, lo cual ayuda a prevenir los picos de azúcar en sangre después de esta comida.

Deporte El hierro del filete ayuda a mantener los glóbulos rojos funcionando a pleno rendimiento, lo cual representa una fuente de oxígeno para los músculos cuando trabajan.

2 RACIONES

2 filetes (de 200 g cada uno), libres de grasa excesiva

1 cucharadita de aceite de oliva, para untar

2 cucharaditas de miel

¼ de cucharadita de mostaza de Dijon

120 g de tomates pera pequeños, partidos por la mitad

30 g de berros

¼ de cucharadita de pimienta negra recién molida

80 ml de aceite de oliva

zumo de ½ limón

PARA LA ENSALADA (4 RACIONES):

1 zanahoria

10 g de rábano picante fresco

1 endibia, en tiras a lo largo

1 endibia morada, en tiras a lo largo

¼ de cebolla, en láminas

120 g de nata para cocinar

1 cucharadita de vinagre de vino blanco

2,5 g de perejil picado

SALSIFÍES FRITOS:

400 g de salsifíes, pelados y cortados en bastoncitos

40 g de polenta

¼ de cucharadita de sal

Precaliente el horno a 180 °C / gas potencia 4, y necesitará dos fuentes de horno.

Primero, prepare la ensalada, ralle la zanahoria y el rábano picante en un bol y agregue la endibia y la cebolla. Mezcle la nata, el vinagre y el perejil; guarde las 2 raciones adicionales (salen 4 raciones de ensalada) en un recipiente hermético en el frigorífico, donde se conservará 3 días.

Ponga los bastoncitos de salsifí en una olla con agua fría, lleve a ebullición y deje cocer hasta que empiecen a ablandarse. Escurra y pase por una mezcla de polenta y sal. Pase a la bandeja de horno y ase 12-15 minutos hasta que empiecen a dorarse.

Precaliente una sartén de base gruesa o una plancha a fuego fuerte 5 minutos. Unte los filetes con un poco de aceite. Cocine en la sartén unos minutos por cada lado hasta conseguir el color deseado. Páselos a una bandeja de horno, métalos en el horno y áselos hasta que estén al punto que sea de su gusto.

Mientras, en un recipiente, mezcle la miel con la mostaza.

Saque los filetes del horno y, con una brocha de repostería, píntelos con la mezcla de miel y mostaza y déjelos que reposen.

En un bol, ponga los tomates con los berros. Con la batidora de mano, triture la pimienta negra, el aceite y el zumo de limón con la mezcla de mostaza y miel, utilice un poco para condimentar la ensalada de tomate y berros.

Para servir, utilice un cuarto (no la mitad) de la ensalada de endibias por cada ración y disponga en un plato con la mitad de la ensalada de tomate, los salsifíes y los filetes.

Quemar Sustituya los salsifíes por el mismo peso en apio nabo, cocido del mismo modo pero sin necesidad de hervirlo antes.

Desarrollar Sirva con una guarnición de maíz en mazorca al vapor.

Tayín de ternera y verduras con «cuscús» de coliflor

Esta es una de mis recetas favoritas para tomar como plato único. La ternera, cocinada lentamente se deshace y el dulzor del albaricoque y la granada la complementan muy bien. Es un plato consistente, ideal para cenar en invierno.

Salud La coliflor es una buena fuente de colina, capaz de favorecer la función cognitiva y reducir el declive de la memoria que suele acontecer con la edad.

Deporte Puede utilizar el «cuscús» de coliflor para otros platos como alternativa innovadora, gustosa y con menor contenido en carbohidratos que el cuscús.

2 RACIONES

PARA EL TAYÍN DE TERNERA:

2 cucharaditas de aceite vegetal

300 g de aguja de ternera, en dados

½ cucharadita de canela molida

½ cucharadita de pimienta de Jamaica molida

¼ de cucharadita de jengibre molido

¼ de cucharadita de comino molido

¼ de cucharadita de pimentón

400 g de tomate troceado en lata

1 cucharada de concentrado de tomate

5 g de caldo de pollo ecológico (½ cubito)

250 ml de agua

80 g de calabaza, cortada en dados de 1 cm

½ granada

½ cebolla, troceada

1 diente de ajo, troceado

30 g de orejones, en tiras

50 g de garbanzos cocidos

sal marina, al gusto

PARA EL «CUSCÚS»:

220 g de coliflor (1 coliflor pequeña)

1 cucharadita de cilantro troceado

ralladura fina de ½ limón

Ponga 1 cucharadita de aceite en una sartén muy caliente y después añada la ternera y fríala 3-4 minutos hasta que se dore. Agregue las especias y deje cocer 2-3 minutos más, luego páselo todo al recipiente cerámico de la olla de cocción lenta y añada los tomates, el concentrado de tomate, el caldo y el agua. Tape la olla y deje cocer a fuego lento 8-10 horas para que quede muy tierno. (Si no dispone de olla de cocción lenta, utilice una fuente para el horno con tapa y ase en el horno –a baja temperatura, unos 90 °C / gas potencia ¼– durante el mismo tiempo.)

Escurra la ternera y los trozos de tomate (casi todo se habrá deshecho) con un colador sobre un bol. Conserve tanto la mezcla de carne como los jugos de la cocción y reserve.

Mientras, cueza la calabaza en una olla con agua hirviendo hasta que quede tierna, escurra y reserve.

Sostenga firmemente la granada sobre un bol y golpee el dorso suavemente con un rodillo (o una cuchara de madera) para hacer saltar las semillas.

Ponga 1 cucharadita de aceite en una sartén caliente a fuego fuerte, incorpore la cebolla y deje que se dore. Luego añada el ajo, los orejones, los garbanzos y los jugos de cocción de la carne. Reduzca a la consistencia de una salsa y sale al gusto. Para terminar, ponga la ternera con la mezcla de tomate y la calabaza y caliéntelo todo.

A continuación, prepare el «cuscús». Rompa la coliflor en floretes, póngala en el procesador de alimentos y triture hasta que quede reducida a trocitos parecidos a los granos del cuscús. Vuelque sobre una bandeja y retire los trozos grandes. Ponga la coliflor molida en una olla con agua hirviendo y deje cocer 2 ½ minutos. Escurra e incorpore el cilantro y la ralladura de limón.

Para servir, reparta el «cuscús» en 2 platos o boles, disponga la ternera encima y decore con las semillas de granada.

Quemar Cambie la calabaza y los garbanzos por 40 g de zanahoria en dados y 40 g de calabacín en dados. Cueza las zanahorias en una olla con agua hirviendo hasta que queden tiernas y fría el calabacín en seco 3-4 minutos. Añádalos a la salsa antes de servir.

Desarrollar Sustituya la coliflor por 80 g de cuscús (peso en crudo) por ración.

Gulasch húngaro de ternera con arroz

Este es un plato rebosante de sabor. Puede parecer que se tarda mucho en cocinarlo, pero cuando la ternera está en la olla de cocción lenta (o en el horno), se puede dejar para que se vaya cocinando solo.

Salud Este plato a base de tomate contiene altos niveles de licopeno, que puede prevenir el daño celular y ayudar a proteger el organismo contra el cáncer.

Deporte Los niveles elevados tanto de vitamina C como de hierro garantizan que no solo se ingiere el hierro sino que también se absorbe, ya que la vitamina C favorece dicha absorción.

2 RACIONES

- 2 cucharaditas de aceite vegetal
- 250 g de aguja de ternera, en dados
- 400 g de tomates troceados en lata
- 1 cucharada de concentrado de tomate
- 200 ml de agua
- 15 g de caldo de ternera ecológico (1 ½ cubitos)
- 1 cebolla
- 2 pimientos rojos pequeños
- 60 g de zanahoria
- 1 ½ cucharaditas de pasta de ajo asado (véase la p. 106)
- 2 cucharaditas de pimentón
- copos de guindilla seca (opcional), al gusto
- 30 g de harina blanca, tamizada
- 80 g de arroz integral de grano corto
- sal y pimienta negra machacada
- 60 g de yogur natural, y más para decorar
- 1 ramita de perejil, troceado, para decorar

Ponga 1 cucharadita de aceite en una sartén muy caliente junto con la ternera, durante 3-4 minutos hasta que se dore por todos lados. Páselo todo al recipiente cerámico de la olla de cocción lenta y añada los tomates, el concentrado de tomate, el caldo y el agua. Tape la olla y deje cocer a fuego lento 8-10 horas para que quede muy tierno. (Si no dispone de olla de cocción lenta, utilice una fuente para el horno con tapa y ase en el horno –a baja temperatura, unos 90 °C / gas potencia ¼– durante el mismo tiempo.)

Escurra la ternera y los trozos de tomate (casi todo se habrá deshecho) con un colador sobre un bol. Conserve tanto la mezcla de carne como los jugos de la cocción.

Trocee la cebolla, los pimientos y las zanahorias. En una sartén grande caliente, vierta el resto del aceite, agregue la pasta de ajo asado y las verduras, las especias y la harina. Pasado 1 minuto, baje el fuego a media potencia y deje cocer 3 minutos más. Poco a poco incorpore los jugos de cocción de la ternera, removiendo constantemente, luego añada la ternera. Deje que hierva a fuego suave hasta que la salsa haya reducido y posea una consistencia espesa.

Mientras la salsa espesa, cueza el arroz. Lleve una olla grande de agua a ebullición con un poco de sal, al gusto, añada el arroz y baje el fuego cuando el agua hierva de nuevo. Deje cocer 22-25 minutos, cerciorándose de que el arroz se mantenga cubierto de agua. Cuando esté listo, escúrralo.

Cuando la salsa espese, retírela del fuego y vierta todo el yogur en un lado de la sartén, incorpórelo a la salsa gradualmente. Agregue un poco de sal y pimienta negra machacada, al gusto.

Para servir, reparta el arroz y el gulasch en 2 platos, luego decore con un poco más de yogur y el perejil.

▽ **Quemar** Sustituya el arroz cocido por 80 g de col de Saboya cocida al vapor y deshilachada y 40 g de espinacas al vapor por ración.

△ **Desarrollar** Caliente 80 g de alubias blancas de manteca por ración y añádalas al arroz.

Fattoush de cordero asado

Celebre el verano todo el año con esta ensalada libanesa: su sabor intenso procede del zumaque rojo y el limón. Y es una buena manera de utilizar pan de pita que se ha quedado duro.

Salud El zumaque suele encontrarse en polvo pero se elabora a partir de bayas. Posee abundantes propiedades beneficiosas para la salud: es antifúngico, antimicrobiano, antioxidante y antiinflamatorio.

Consejo El pimiento amarillo alargado es el que tradicionalmente se emplea para esta ensalada, pero si no lo encuentra, simplemente utilice un pimiento dulce amarillo.

2 RACIONES

- 1 cucharadita de aceite vegetal
- 500 g de pierna de cordero con hueso
- ½ rama de apio, troceada
- ¼ de cebolla, troceada
- 1 zanahoria pequeña, troceada
- ½ cucharadita de zumaque
- ¼ de cucharadita de comino molido
- 2 cucharaditas de pasta de ajo asado (véase la p. 106)
- 5 g de caldo de pollo ecológico (½ cubito)
- 750 ml de agua
- 2 panes de pita integrales
- sal marina y pimienta negra recién molida
- 1 pimiento amarillo alargado, en dados
- ⅓ de pepino, en dados
- 140 g de tomates cherry, partidos por la mitad
- ½ chalota alargada, en láminas finas
- 1 cogollo, en tiras finas
- 2 cucharaditas de hojas de menta, troceadas
- ralladura fina y zumo de ¼ de limón
- 2 cucharaditas de aceite de oliva virgen extra
- 80 g de garbanzos cocidos

Precaliente una cacerola grande de base gruesa a fuego fuerte 5 minutos. Precaliente el horno a 120 °C / gas potencia ½.

Ponga el aceite vegetal y el cordero en la cacerola para dorar la carne por todos lados. Añada las hortalizas troceadas y siga cociendo 4-5 minutos más. A continuación, agregue el zumaque, el comino, la pasta de ajo, el caldo y el agua. Pase el contenido a una fuente con tapa y deje cocer en el horno 6 horas.

Mientras, corte el pan de pita en cuadrados de 1,5 cm. Dispóngalos en una bandeja y horenéelos 60-80 minutos hasta que se sequen por completo. Saque del horno y reserve.

Cuando el cordero esté listo, escurra la carne y las hortalizas en un colador sobre un bol, añada 5-6 cubitos de hielo al bol con los jugos de la cocción, deseche las hortalizas y deje templar la carne 5-10 minutos. Cuando el hielo se haya derretido, con una cuchara, retire la grasa que se habrá formado en la superficie. Vierta los jugos en un cazo y reduzca a 75 ml.

Desmenuce la carne con un tenedor y vaya retirando la grasa al mismo tiempo. Agregue los jugos reducidos a la carne y condimente al gusto.

En un cuenco grande, mezcle el pimiento, el pepino, los tomates, la chalota, el cogollo, la menta y la ralladura y el zumo de limón con el aceite de oliva. Luego incorpore los garbanzos y los trozos de pita. Para servir, reparta la ensalada en 2 boles y disponga el cordero por encima.

▽ **Quemar** Siga los pasos de la receta pero no incluya el pan de pita.

△ **Desarrollar** Incluya medio pan de pita adicional por ración cuando lo trocee.

Guiso de cerdo

Pruebe esta receta sabrosa y saciante a base de carne de cerdo combinada audazmente con chorizo, alubias y tomate. Es fácil de preparar y perfecta para toda la familia.

Salud El cerdo es una buena fuente de selenio, necesario para la reproducción y la función tiroidea, además de ser antioxidante.

Consejo Si no come carne, sustituya el cerdo por más alubias. El plato seguirá siendo rico en proteínas y tendrá un menor contenido de grasa.

2 RACIONES

- 1 cucharadita de aceite de oliva virgen extra
- 50 g de chorizo, en dados
- ½ cebolla, en dados
- 220 g de solomillo de cerdo, en dados de 1 cm
- 1 diente de ajo, picado
- 400 g de tomates troceados en lata
- 220 g de judías blancas riñón
- 1 cucharada de concentrado de tomate
- 5 g de caldo vegetal ecológico (½ cubito o 1 ½ cucharaditas en polvo)
- 1 cucharadita de sirope de agave
- ½ cucharadita de harina de maíz
- 50 ml de agua
- 20 g de hojas de espinacas
- 1 ramita de perejil
- 1 cucharadita de hojas de tomillo, sin el tallo
- 160 g de brócoli bimi

Precaliente una olla grande a fuego fuerte, añada el aceite, el chorizo, la cebolla y la carne de cerdo y deje cocer 3-4 minutos. A continuación, agregue el ajo, los tomates, las alubias, el concentrado de tomate, el caldo y el sirope de agave.

En una taza, mezcle la harina de maíz con el agua y viértala en la olla. Removiendo bien, lleve a ebullición, luego baje el fuego para mantener un hervor suave y siga cociendo 10-12 minutos.

Trocee las espinacas y agréguelas a la olla junto con el perejil y el tomillo los últimos 2-3 minutos de cocción.

Cueza el brócoli en una olla con agua hirviendo a fuego fuerte durante 3 minutos. Escurra y sirva inmediatamente.

Para servir, reparta el guiso en 2 boles y disponga el brócoli a un lado.

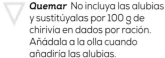

Quemar No incluya las alubias y sustitúyalas por 100 g de chirivía en dados por ración. Añádala a la olla cuando añadiría las alubias.

Desarrollar Para cada ración, incorpore 80 g de boniato, cortado en dados de 1 cm, y añádalos a la olla al principio, con la carne.

Estofado de salchichas con tubérculos y bolas de pan

Disfrute de este estofado como plato único, delicioso y saludable: ideal para compartir a la hora de la cena.

Salud Este plato es rico en selenio procedente del cerdo y la sémola. Las bolas de masa de pan no siempre son saludables, ¡pero estas sí!

Consejo Elija salchichas hechas a mano de su carnicero de confianza (no los productos más baratos del supermercado) para contar con salchichas magras de calidad.

2 RACIONES

½ cebolla, troceada

1 zanahoria, en dados

¼ de apio nabo (unos 140 g), en dados

1 chirivía, en dados

1 cucharadita de aceite vegetal

una pizca de sal

4 salchichas de cerdo con bajo contenido en grasa, normales, u 8 delgadas

15 g de mantequilla

10 g de harina blanca

250 ml de agua

400 g de tomates troceados en lata

10 g de caldo de pollo ecológico (1 cubito)

1 cucharadita de pasta de ajo asado (véase la p. 106)

1 cucharadita de salsa Worcestershire

4 hojas de salvia

1 cucharadita de estragón picado

PARA LAS BOLAS DE PAN:

1 huevo, clara y yema separadas

50 g de sémola

20 g de harina de alforfón

¼ de cucharadita de sal

una pizca de pimienta negra

1 cucharadita de romero picado

2 cucharaditas de aceite de oliva

▽ **Quemar** No incluya las bolas de pan y sustitúyalas por 60 g de brócoli por ración.

△ **Desarrollar** Sirva con 150 g de patatas nuevas al vapor, mezcladas con cebollino troceado, un poco de pasta de ajo asado y un chorrito de aceite de oliva virgen extra. Salpimiente al gusto.

Precaliente el horno 220 °C / gas potencia 7, y necesitará 2 bandejas de horno.

Aliñe la cebolla y los tubérculos con aceite y sal y páselos a una bandeja. Ase en el horno 20-25 minutos hasta que se doren bien. Saque del horno y reserve.

Ponga las salchichas en la otra bandeja y áselas hasta que se doren. Saque del horno y reserve.

En una cacerola grande apta para el horno, derrita la mantequilla a fuego lento, añada la harina y devuelva al fuego para dejarlo cocer 3-4 minutos. Retire del fuego y poco a poco incorpore el agua. A continuación, agregue los tomates, el caldo, el ajo, la salsa Worcestershire y las hierbas. Lleve a ebullición y añada las verduras y las salchichas. Meta en el horno y baje la temperatura a 180 °C / gas potencia 4. Ase mientras prepara las bolas de masa de pan.

En un bol, mezcle la yema de huevo con la sémola, la harina de alforfón, la sal, la pimienta, el romero y el aceite de oliva. En otro bol, bata la clara de huevo hasta que se formen picos suaves e incorpórela con cuidado al resto de ingredientes hasta que quede todo bien mezclado.

Retire la cacerola del horno. Divida la masa para las bolas de pan en 4 partes y, con 2 cucharadas, forme unas bolas alargadas y dispóngalas sobre el estofado. Vuelva a introducir la cacerola en el horno y deje cocer 15-18 minutos hasta que se doren las bolas.

Para servir, reparta el estofado en 2 cuencos, de modo que cada uno contenga la mitad de las salchichas y la mitad de las bolas de pan.

Ocra criolla con alubias rojas y arroz

Este plato clásico de Luisiana es emblemático del sur de los Estados Unidos, pero esta versión presenta algunas variaciones de Soulmatefood para hacerlo más saludable.

2 RACIONES

- 80 g de arroz integral de grano largo
- 100 g de alubias rojas cocidas (en lata, por ejemplo)
- 2 cebolletas, picadas
- 600 ml de agua
- 12 g de caldo de pollo ecológico (1 ¼ cubitos)
- 2 cucharaditas de aceite vegetal, más 1 cucharadita para freír
- 40 g de harina blanca
- 100 g de salchichón, sin piel y en dados
- 1 cebolla, en dados
- 2 pimientos verdes, en tiras
- 2 ramas de apio, en láminas
- 3 dientes de ajo, troceados
- 2 cucharaditas de condimento cajún
- ½ cucharadita de pimentón ahumado
- 10 langostinos grandes, pelados
- ½ cucharadita de salsa Tabasco o salsa de pimiento picante
- ½ cucharadita de salsa Worcestershire

Ponga a hervir varios litros de agua en una olla grande y añada el arroz. Cuézalo 20-25 minutos hasta que esté casi listo. Luego agregue las alubias para que hiervan con el arroz los últimos minutos. Escurra el arroz con alubias y vuelva a ponerlo todo en la olla con las cebolletas, y remueva. Tape y reserve hasta que la salsa esté preparada.

Mientras, lleve a ebullición la mitad del agua para la receta, luego incorpore el cubito de caldo y el resto del agua. Apague el fuego.

Caliente 2 cucharaditas de aceite vegetal en una cacerola grande a fuego medio. Añada la harina y mézclela con el aceite con una cuchara de madera hasta que se forme una pasta. Siga cociendo, removiendo sin parar, hasta que adquiera un tono marrón dorado. Retire del fuego y añada una pequeña cantidad del caldo, remueva para que se mezcle bien; repita y vaya añadiendo el caldo poco a poco hasta que quede todo integrado (si quedan grumos, deshágalos con una batidora).

Caliente 1 cucharadita de aceite vegetal en una sartén a fuego fuerte. Fría las verduras 2-3 minutos, luego añada las especias secas y remueva un minuto más.

A continuación, agregue los langostinos y vierta el caldo. Luego añada la salsa Tabasco y Worcestershire, y lleve a ebullición. Deje cocer suavemente 3-4 minutos y reparta en 2 platos.

▽ **Quemar** Elimine el arroz de la receta y sustitúyalo por una ensalada tibia. Utilice cebolletas junto con 30 g de hojas de espinacas y 40 g de judías verdes, escaldadas y cortadas. Salpimiente y aliñe con zumo de limón.

△ **Desarrollar** Añada 40 g de alubias al arroz y 80 g de boniato asado en dados por ración.

Bacalao envuelto con jamón, con cerezas, col verde y patatas

Sirva este sofisticado plato como cena romántica o con amigos. El sabor salado del jamón combina muy bien con el bacalao. Y todo sobre un lecho de patatas y manzana asadas.

Salud En general, cuanto más oscura es una fruta, mayor es su potencial antioxidante. Las cerezas negras aumentan el contenido antioxidante de este plato.

Deporte Una suprema de bacalao le proporcionará más cantidad de la recomendada diariamente de selenio: un antioxidante capaz de ayudar a proteger contra el estrés del entreno.

2 RACIONES

400 g de patatas pequeñas (Estima, Vivaldi o similar)

1 manzana Granny Smith

sal marina, al gusto

2 filetes de bacalao (de unos 160 g cada uno)

2 lonchas de jamón

60 g de col verde, solo las hojas

1 cucharadita de mantequilla

½ cucharadita de pasta de ajo asado (véase la p. 106)

PARA LA MARINADA:

100 ml de vinagre de sidra

70 g de miel

15 enebrinas

10 cerezas negras, deshuesadas y cortadas por la mitad

PARA LA SALSA:

120 g de nata para cocinar

1 ½ cucharaditas de miel

1 cucharadita de mostaza de Dijon

1 cucharadita de vinagre de sidra

2 cucharaditas de eneldo picado

40 ml de leche entera

Primero, prepare la marinada. En el vaso de la batidora, bata el vinagre de sidra con la miel, luego añada las enebrinas y triture brevemente para romper las bayas. Agregue las cerezas y deje reposar para que todo haga infusión al menos 4 horas.

Precaliente el horno a 160 °C / gas potencia 2 ½ y forre un molde rectangular de 450 g además de una fuente con tapa para el horno (debe ser lo bastante grande como para que quepa el pescado) con papel vegetal.

Pele las patatas y la manzana y córtelas en rodajas finas con una mandolina. En el molde preparado, disponga la mitad de las rodajas de patata, luego las rodajas de manzana y acabe con el resto de patatas; añada un poco de sal en cada capa. Disponga una lámina de papel vegetal sobre las patatas y hornee 45-50 minutos hasta que se cuezan bien. Saque del horno y deje templar en el molde.

Mientras, envuelva cada trozo de bacalao en una loncha de jamón y póngalo en la fuente preparada. Métalo en el horno, junto con las patatas y la manzana, durante 15-18 minutos, hasta que quede tierno.

Cueza la col verde en una olla con agua hirviendo durante 4-5 minutos hasta que se ablande. Escurra y presione con una cuchara para que suelte el exceso de agua. Derrita la mantequilla en la olla, añada la pasta de ajo asado y la col verde, mézclelo y añada un poco de sal, al gusto.

En otra olla, prepare la salsa. Lleve a ebullición la nata, la miel, la mostaza de Dijon, el vinagre, el eneldo y la leche, removiendo sin parar.

Para servir, corte la guarnición de patata y manzana por la mitad y disponga una mitad en cada plato. Ponga un trozo de bacalao encima, esparza la mitad de las cerezas en cada plato, reparta la col verde y vierta la salsa sobre el bacalao.

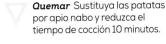

Quemar Sustituya las patatas por apio nabo y reduzca el tiempo de cocción 10 minutos.

Desarrollar Aumente el tamaño de la ración de patata incrementando los ingredientes en un 50 por ciento por ración.

Sopa dahl masoor con caballa

Económica, saludable y sabrosísima, esta receta es una cena reconfortante. Este plato sano es rápido y fácil de preparar y las especias que lleva mantienen a raya el resfriado.

Salud Las especias y los ingredientes indios aportan excelentes propiedades antibacterianas y forman un plato redondo que ayuda a mantener la inmunidad del organismo.

Deporte La caballa es una excelente fuente de ácidos grasos omega 3, y ayuda a reducir tanto la inflamación como las probabilidades de lesiones durante los entrenos y la competición.

2 RACIONES

- ½ cebolla pequeña, en dados
- 1 zanahoria grande, en dados
- 2 cucharaditas de aceite vegetal
- 100 g de lentejas rojas
- 400 g de tomates troceados en lata
- 1 cucharada de concentrado de tomate
- 1 cucharadita de jengibre picado
- 2 dientes de ajo, troceados
- 1 ½ cucharaditas de especias garam masala
- 1 cucharadita de semillas de hinojo
- ½ cucharadita de cúrcuma molida
- ¼ de cucharadita de copos de guindilla seca
- 10 g de caldo vegetal ecológico (1 cubito o 3 cucharaditas en polvo)
- 400 ml de agua
- 2 filetes de caballa (un total de 200 g de peso)
- 60 g de hojas de espinacas
- zumo de ½ lima
- 6 g de hojas de cilantro, picadas
- 20 g de almendras tostadas, para decorar

Sofría la cebolla y la zanahoria en una cacerola grande con 1 cucharadita de aceite a fuego medio durante 4-5 minutos hasta que la cebolla se ablande.

Añada las lentejas, seguidas del tomate, el concentrado de tomate, las especias, el caldo y el agua. Lleve a ebullición y luego deje hervir a fuego suave hasta que las lentejas queden tiernas y se rompan para espesar la salsa: unos 25-30 minutos. La salsa quedará bastante espesa cuando esté lista.

Corte los filetes de caballa a lo largo por el medio y limpie de espinas y tripas. En una sartén antiadherente grande a fuego medio con el resto del aceite, disponga los filetes con la piel hacia abajo y cocínelos 3-4 minutos, luego deles la vuelta y deje cocer un minuto más.

Mientras, en una sartén cocine las espinacas a fuego medio 30-40 segundos.

Para servir, incorpore el zumo de lima y el cilantro a la sopa dahl y repártala en 2 boles, disponga encima de cada ración la mitad de la caballa y las espinacas y luego espolvoree con las almendras tostadas.

 Quemar Reduzca el tamaño de la ración en un tercio y aumente la cantidad de espinacas a 60 g por ración.

 Desarrollar Como este plato se prepara sobre una base de lentejas, ricas en carbohidratos, puede aumentar el tamaño de la ración con 60 g de arroz (pesado en crudo) o tomar el plato con pan de chapata.

Ingredientes principales para la causa santa rosa

Para Mantener, sustituya la quinoa por calabaza en dados y patatas nuevas cocidas.

Para Desarrollar, siga la receta con quinoa y dados de boniato.

Para Quemar, sustituya la quinoa por hojas de cogollo aliñadas y mango en dados.

Causa santa rosa

Tradicionalmente, la causa santa rosa es un plato peruano a base de capas de patata. Aquí lo hemos adaptado al estilo Soulmatefood y lo combinamos con un ceviche –otra especialidad peruana– aromático.

Salud La lima contiene abundante vitamina C y, además, poderosos compuestos flavonoides que han demostrado tener propiedades antibióticas; incluso se cree que podrían combatir el cáncer.

Deporte La quinoa es un cereal rico en proteínas y de elevado valor nutritivo. Este plato es ideal para después de una sesión de entreno, pues ayuda al organismo a recuperarse y estar en plena forma al día siguiente.

2 RACIONES

- 80 g de quinoa
- 220 ml de agua
- una pizca de sal
- 1 boniato pequeño, pelado y en dados
- ¼ de cebolla morada, picada
- 2 cucharaditas de cilantro picado, y más para decorar
- 2 cucharaditas de menta picada
- 1 remolacha cocida, en dados
- 3 cucharadas de nata para cocinar
- ½ cucharadita de granos de pimienta rosa machacados
- sal marina, al gusto
- pulpa de 1 mango pequeño

PARA EL CEVICHE:

- un dado de jengibre de 1 cm
- 2 dientes de ajo
- ½ chile rojo
- 10 g de cilantro (un manojito)
- zumo de 1 limón, y más para el aguacate
- zumo de 4 limas
- 2 supremas de lubina, sin piel ni espinas (de 100 g cada una)

Quemar Sustituya la quinoa por cogollo y dados de mango, y mézclelo con un aliño elaborado con menta y cilantro picados, zumo de limón y aceite de oliva.

Mantener Sustituya la quinoa por calabaza cocida ya fría y patatas nuevas en dados. Utilice 100 g de cada por ración y mezcle con un aliño elaborado con menta y cilantro picados, zumo de limón y aceite de oliva.

Primero prepare el jugo para el ceviche. Trocee el jengibre, el ajo, el chile y el cilantro, luego dispóngalo en un recipiente pequeño con el zumo de lima y el de limón. Tape el recipiente y agite bien. Guárdelo en el frigorífico para que los sabores se mezclen 30 minutos. Cuele por un colador de malla fina sobre un bol y deje ambos en el frigorífico.

Ponga la quinoa en un colador y lávela bajo un chorro de agua fría, luego pásela a una olla con tapa y añada el agua y la sal. Lleve a ebullición y baje el fuego para que hierva suavemente. Deje cocer hasta que se absorba toda el agua y la quinoa quede ligera y esponjosa. Añada un poco más de agua hirviendo, si es necesario. Cuando esté lista, pásela a una bandeja de horno llana y deje templar 10 minutos antes de refrigerarla.

Cocine el boniato en un cazo con agua hirviendo hasta que se ablande sin romperse. Cuando esté listo, escúrralo y refrésquelo bajo un chorro de agua fría.

Ponga la cebolla en un cuenco con la quinoa, el boniato y las hierbas picadas. Mezcle y reserve.

Luego mezcle la remolacha con la nata, la pimienta rosa y un poco de sal, al gusto.

Corte el aguacate por la mitad y retire el hueso. Corte cada mitad en cuartos a lo largo y con un cuchillo pélelo. Para evitar que pierda el color verde, rocíelo con un poco de zumo de limón.

Coloque el mango en el vaso de la batidora y tritúrelo hasta convertirlo en puré.

Ahora, con el cuchillo más afilado que tenga (que no sea de hoja serrada), corte las supremas de pescado por la mitad a lo largo y limpie las partes oscuras. Corte el pescado en lonchas (de 1 cm) en el sentido de la veta de la carne.

Saque el bol con el colador del frigorífico y deseche el contenido del colador. Ponga los trozos de pescado en la mezcla de jugos cítricos, cerciorándose de que todos queden cubiertos y deje macerar 10 minutos. Luego retire el pescado del jugo y sirva.

Para montar el plato, extienda 1 cucharadita de puré de mango en cada plato con una cuchara. A continuación, disponga un montoncito de la mezcla con quinoa (puede hacerlo con un aro si desea que quede pulido). Ahora ponga la mezcla con la remolacha encima y el aguacate a un lado. Coloque el ceviche encima y decore con cilantro picado.

Lubina con verduras asadas y salsa de alubias

Este aromático plato veraniego es ligero pero rico en sabor. El hinojo marino complementa a la lubina a la perfección y las alubias aportan una deliciosa cremosidad a la receta.

Salud La lubina proporciona una buena cantidad de fósforo, crucial para la producción y transporte de ADN, ARN y energía.

Consejo Si prefiere un plato más rústico, chafe un poco las alubias, en lugar de hacerlas puré, para darles más textura.

2 RACIONES

1 cucharadita de pasta de ajo asado (véase la p. 106)

2,5 g de caldo vegetal ecológico (¼ de cubito o ¾ de cucharadita en polvo)

100 g de alubias blancas de manteca cocidas

200 ml de agua

3 cucharaditas de aceite de oliva virgen extra

150 g de calabaza, en rectángulos de 4 cm x 1 cm x 1 cm

1 pimiento rojo, en tiras

1 cebolla morada pequeña, en láminas

1 cucharadita de tomillo troceado

sal marina

2 supremas de lubina (de unos 150 g cada una)

2 coles chinas, cortadas por la mitad a lo largo

2 cucharaditas de perejil

zumo de ¼ de limón

40 g de hinojo marino

Precaliente el horno a 200 °C / gas potencia 6, y necesitará una bandeja de horno.

En una olla pequeña, caliente la pasta de ajo asado, el caldo y las alubias con el agua y lleve a ebullición. Pase al vaso de la batidora y triture hasta obtener una crema homogénea; poco a poco añada 1 cucharadita de aceite y un poco más de agua, si es necesario. Vuelva a poner en la olla y tápelo.

Mezcle la calabaza con 1 cucharadita de aceite y póngala en la bandeja de horno. Ásela 20 minutos. Pasado este tiempo, agregue el pimiento, la cebolla, el tomillo y una pizca de sal y remueva de nuevo. Vuelva a meterlo en el horno y deje cocer 10 minutos más.

En una sartén precalentada a fuego medio-fuerte, añada el resto del aceite de oliva y con cuidado disponga las supremas de pescado con la piel hacia abajo. (Cuando las ponga en la sartén, presiónelas con suavidad con una espátula durante unos segundos para mantenerlas planas de modo que se cocinen uniformemente.) Baje la potencia del fuego a medio y deje cocer 3-4 minutos por este lado.

Mientras, cocine la col china en una olla grande con agua hirviendo. Deje cocer 2-2 ½ minutos y luego escúrrala sobre papel de cocina.

Suavemente, devuelva la salsa de alubias al punto de ebullición y agregue el perejil y sal al gusto.

Ahora, dele la vuelta al pescado y disponga la col china en la sartén, con la parte cortada hacia abajo y deje cocer 2 minutos más. Exprima el limón sobre el pescado y añada una pizca de sal, al gusto. Escalde el hinojo marino en agua hirviendo 30 segundos y escurra. Para servir, reparta todas las verduras en 2 platos, riegue con la salsa, disponga el pescado encima y decore con el hinojo.

Quemar Sustituya la calabaza por el mismo peso de bastoncitos cocidos de zanahoria. Cocínelos como la calabaza.

Desarrollar Añada 80 g de bastoncitos de boniato por ración. Cocínelos como la calabaza.

Curri rojo tailandés de pescado

Es posible que la cocina tailandesa se encuentre entre las formas más sanas de preparar las verduras; este aromático plato estimulará sus papilas gustativas mientras aporta a su organismo todos los nutrientes que precisa.

Salud La leche de coco es una buena fuente de triglicéridos de cadena media (TCM), qua ayudan a potenciar las funciones cognitivas cerebrales.

Consejo Si tiene invitados, prepare las verduras y el pescado con antelación. Luego solo tendrá que calentar la salsa y poner el pescado en el horno.

2 RACIONES

PARA LA PASTA DE CURRI (SALEN UNOS 200 G):

4 chiles rojos medianos

2 cucharaditas de semillas de comino

4 cucharaditas de semillas de cilantro

2 cucharaditas de jengibre fresco rallado

1 estrella de anís

6 clavos de olor enteros

4 tallos de caña de limón, limpia y troceada

4 chalotas

6 dientes de ajo

ralladura y zumo de 2 limas

2 cucharaditas de pimentón picante

PARA EL CURRI:

200 ml de leche de coco en lata

200 g de tomates troceados en lata

1 cucharada de concentrado de tomate

1 cucharadita de salsa de pescado

1 cucharadita de tamari (o soja)

5 g de caldo vegetal ecológico (½ cubito o 1 ½ cucharaditas)

zumo de ½ lima

1 boniato

2 cucharaditas de aceite vegetal

1 pimiento rojo pequeño

60 g de guisantes mollares

80 g de minimazorcas de maíz

2 supremas de emperador (peso total 240 g)

25 g de hojas y tallos de cilantro, picados por separado

2 rodajas de limón

½ cucharadita de semillas de cilantro

sal marina en escamas

50 g de hojas tiernas de espinaca

30 g de anacardos

Retire las semillas de los chiles y trocéelos. Tueste las semillas de comino y cilantro en una sartén y tritúrelas en el procesador de alimentos o el molinillo de especias hasta obtener un polvo fino. Añada el resto de ingredientes para la pasta de curri y triture hasta obtener una pasta homogénea. Ponga esta pasta en un recipiente hermético y conserve en el frigorífico.

Para hacer el curri, ponga la leche de coco, los tomates troceados y el concentrado de tomate en el vaso de la batidora y triture 3 minutos. Cuele la mezca; presione, si hace falta, con el dorso de una espátula.

Agregue la salsa de pescado, el tamari y el caldo vegetal y lleve a ebullición. Añada 1 cucharadita colmada de pasta de curri rojo y el zumo de lima, remueva bien, pruebe de sabor y añada más si es necesario.

Precaliente el horno a 180 °C / gas potencia 4. Mientras, pele y corte en dados el boniato, ponga en una bandeja de horno y aliñe con 1 cucharadita de aceite. Áselo 20-25 minutos hasta que quede cocido y dorado. Retire del horno y reserve, luego suba la temperatura del horno a 200 °C / gas potencia 6.

Corte el pimiento, los guisantes y el maíz en tiras finas. Rehogue en una sartén caliente con el resto del aceite 2-3 minutos.

Envuelva las supremas de pescado, los tallos de cilantro, las rodajas de limón y las semillas de cilantro en papel de aluminio (debe parecer una enorme empanadilla hinchada). Hornee el paquete 10-12 minutos. Saque del horno y abra el paquete, luego espolvoree con un poco de sal marina cada suprema. Para servir, forre el fondo de 2 boles grandes con las hojas de espinacas, reparta las verduras entre los boles y vierta la salsa encima. Desmenuce el pescado en trozos grandes y dispóngalos encima, decore con las hojas de cilantro picadas y los anacardos.

▽ **Quemar** Sustituya el boniato por 80 g de berenjena asada en dados.

 Desarrollar Aumente la ración con 40 g de fideos de arroz por ración. Añada los fideos a la olla de agua hirviendo y deje cocer 2 ½ a 3 minutos hasta que se ablanden. Escurra y sirva.

Risotto de queso de cabra con salmón ahumado y remolacha

Este risotto está lleno de sabor y es muy saciante: ofrece una buena opción como cena entre semana. Si no le gusta el queso de cabra, sustitúyalo por otro tipo de queso blando bajo en grasa.

Salud La vitamina B12 del salmón es vital para el metabolismo de la energía y la función cerebral. Esta comida aporta abundante B12, para mantener el organismo alerta y lleno de energía.

Deporte Este plato proporciona una buena combinación de omega 3, calcio y nitratos dietéticos que le confieren un perfil nutricional ideal para mejorar la resistencia.

2 RACIONES

200 ml de zumo de remolacha

40 g de remolacha cocida, en dados

½ apio nabo (unos 300 g de peso), pelado

5 g de caldo vegetal ecológico (½ cubito o 1 ½ cucharaditas en polvo)

500 ml de agua hirviendo

¼ de cebolla, picada fina

1 diente de ajo, picado fino

2 cucharaditas de aceite de oliva virgen extra

120 g de arroz arborio para risotto

una ramita de romero, troceada

2 cucharadas de nata para cocinar

80 g de queso blando de cabra

sal marina, al gusto

50 g de hojas tiernas de espinacas

150 g de salmón ahumado en frío

En una olla pequeña a fuego medio, reduzca el zumo de remolacha a una octava parte de su volumen (algo menos de 2 cucharadas), luego incorpore la remolacha en dados. Retire del fuego y reserve.

Corte el apio nabo con una mandolina utilizando el accesorio para juliana, luego córtelo en daditos. Cocine en una olla de agua hirviendo 3-4 minutos hasta que empiece a ablandarse. Escurra y reserve.

Disuelva el caldo en una jarra con el agua hirviendo.

Caliente la cebolla y el ajo junto con el aceite de oliva en una olla grande y deje cocer a fuego bajo 5-6 minutos hasta que se ablande la cebolla. Añada el arroz y suba la potencia del fuego a medio-fuerte. Remueva durante 1 minuto hasta que el arroz quede impregnado del aceite y empiece a adquirir un tono transparente por fuera. Añada 100 ml del caldo y siga removiendo, para que el arroz no se pegue a la olla. Cuando el líquido se absorba, añada otros 100 ml y repita la operación hasta utilizar todo el caldo y el arroz quede bien hecho (unos 20 minutos). El arroz debería conservar una textura firme en el interior; si se le acaba el caldo antes de que el arroz esté listo, utilice agua hirviendo.

Cuando el arroz esté cocido, añada el apio nabo, el romero y la nata, luego desmenuce el queso de cabra, incorpórelo al arroz y añada sal al gusto. A continuación, agregue la remolacha.

Escalde las hojas de espinacas en una olla grande con tapa a fuego fuerte; solo tardará 30-40 segundos.

Para servir, haga un montoncito con la mitad de las espinacas en cada plato junto con la mitad del risotto y coloque encima el salmón ahumado.

▽ **Quemar** Doble la cantidad de apio nabo por ración en vez de usar el arroz.

△ **Desarrollar** Sustituya el apio nabo por una ración doble de arroz.

Ensalada de salmón ahumado con queso de cabra

Esta ensalada es ideal para impresionar a sus invitados. El equilibrio de colores y texturas ofrece un aspecto maravilloso en el plato, y el salmón y el queso de cabra quedan equilibrados con el sabor fresco del hinojo y el pepino.

Salud El salmón es rico en DHA, que ayuda a mantener e incluso mejorar la salud cerebral y reducir el riesgo de enfermedades cerebrales degenerativas.

Consejo Utilice la misma base de ensalada con otras proteínas magras, como el jamón o la pechuga de pollo.

2 RACIONES

- 180 ml de vino de miel (si no lo encuentra, utilice 170 ml de vino blanco con 10 g de miel)
- 2 galletas saladas de centeno (como Ryvita)
- 40 g de queso blando de cabra
- 60 g de queso para untar bajo en grasa
- 16 puntas de espárragos
- ½ bulbo de hinojo (unos 150 g)
- ¼ de pepino
- 6 rábanos
- ¼ de rama de apio
- 2 cebolletas
- 2 remolachas cocidas
- 2 cucharaditas de perifollo o perifollo oloroso picado, y más para decorar
- 2 cucharadas de aceite de colza de presión en frío
- 2 filetes de salmón ahumado en caliente (unos 240 g en total)

En una olla pequeña lleve el vino a ebullición y deje reducir a 2 cucharadas de volumen.

Mientras, en el vaso de la batidora chafe las galletas de centeno con el extremo del rodillo para obtener unas migas gruesas y páselas a un cuenco pequeño.

Mezcle los quesos en un bol con una cuchara de madera. Con dos cucharitas, forme una croquetita con la mezcla, échela a las migas de galleta y rebócela con ellas, retire y reserve. Repita la operación hasta terminar la mezcla (deber obtener un número par de croquetas: 6 u 8).

Cueza los espárragos en una olla con agua hirviendo 3 minutos, luego escúrralos en un colador y échelos a un cuenco con agua helada para que se enfríen. Escurra con un colador.

Con una mandolina, corte el hinojo, el pepino, el rábano y el apio en láminas finas. Con un cuchillo corte en láminas finas la cebolleta y la remolacha. Reserve a un lado la remolacha y el rábano y ponga el resto de verduras en un cuenco con el perifollo picado.

En un recipiente pequeño con tapa hermética (o en un tarro de mermelada), prepare el aliño con la reducción del vino y el aceite de colza, y agite bien. Añada la mitad del aliño a la ensalada del cuenco y remueva para que se integre bien.

Para servir, disponga la ensalada aliñada en 2 platos o boles, a su alrededor coloque las croquetas de queso, remolacha, rábano y espárragos. Desmenuce el salmón en bocaditos y dispóngalos sobre la ensalada, y rocíe con el resto del aliño por encima del salmón. Decore con más perifollo.

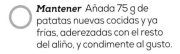 **Mantener** Añada 75 g de patatas nuevas cocidas y ya frías, aderezadas con el resto del aliño, y condimente al gusto.

 Desarrollar Añada las patatas como en la receta para Mantener, y además deguste el plato con un par de galletas saladas de centeno o con pan de centeno.

Salmón con setas de ostra y fideos de alforfón

Este plato de salmón de inspiración asiática es ligero y auténtico. Prepare el caldo con antelación para conseguir una cena rápida, nutritiva y llena de sabores umami entre semana.

Salud Las setas de ostra aportan una buena parte de la cantidad recomendada de niacina para ayudar a contrarrestar los problemas digestivos o la fatiga.

Deporte Los ácidos grasos omega 3 del salmón pueden ayudar a mejorar la proporción de omega 3 y omega 6, reduciendo la inflamación e incluso tal vez las lesiones.

2 RACIONES

2 supremas de salmón sin piel (de unos 140 g cada una)

1 zanahoria

60 g de guisantes mollares

100 g de brócoli bimi

3 cebolletas, en láminas

80 g de setas de ostra

1 cucharadita de aceite vegetal

sal marina y pimienta negra recién molida

100 g de fideos de alforfón

4 hojas de salvia, en tiritas, para decorar

1 chile rojo, en tiras, para decorar

PARA EL CALDO:

3 cucharaditas de kuzu

5 g de caldo vegetal ecológico (½ cubito o 1 ½ cucharaditas en polvo)

500 ml de agua

1 cucharadita de salsa de pescado

2 cucharaditas de salsa tamari (o salsa de soja)

1 cucharada de vino mirin

1 cucharadita de raíz de jengibre picado

1 estrella de anís

1 diente de ajo, troceado

1 cucharadita de alga kombu seca molida

1 chile rojo, sin semillas y troceado

Precaliente el horno a 180 °C / gas potencia 4, y forre una bandeja de horno con papel vegetal.

Prepare el caldo mezclando el kuzu con el caldo vegetal en un poco de agua. Coloque esta mezcla y el resto de ingredientes en una olla y lleve a ebullición. Retire del fuego y deje reposar para que los sabores se mezclen 20 minutos. Luego cuele con un colador fino y vuelva a ponerlo en la olla.

A continuación, ponga el salmón sobre la bandeja preparada y áselo en el horno 8-10 minutos hasta que esté hecho.

Mientras, corte la zanahoria en bastoncitos (o utilice una mandolina). Corte las bayas de guisantes por la mitad en diagonal y recorte los tallos del brócoli bimi, si es necesario.

Vuelva a poner el caldo a hervir y agregue la zanahoria, cueza 3 minutos y añada el brócoli. Hierva otros 3 minutos y luego agregue la cebolleta y los guisantes. Apague el fuego y deje reposar.

Rompa las setas más grandes y póngalas en una sartén caliente a fuego fuerte con el aceite y sofríalas 2-2 ½ minutos hasta que se doren un poco y se ablanden. Sale al gusto.

Cueza los fideos en una olla con agua hirviendo hasta que estén tiernos. Escurra y sirva.

Para servir, reparta los fideos en 2 boles junto con la mitad de las verduras y el caldo. Ponga la mitad de las setas y un trozo de salmón encima y acabe decorando con la salvia y el chile.

Quemar Sustituya los fideos por fideos de rábano japonés. Utilice una mandolina o espiralizador para elaborar 80 g de fideos de rábano japonés por ración. Cuézalos en una olla con agua hirviendo y sal durante 2 minutos, escurra y sirva.

Desarrollar Añada 70 g de habas de soja por ración; agréguelas al caldo cuando incorpore el brócoli.

Ensalada de pasta con queso halloumi y salsa verde

Esta ensalada es para todos los gustos. Queso, tomates cherry, rúcula y aceitunas combinados en un plato espectacular, para el almuerzo, que puede tomarse también en una barbacoa en familia o con amigos.

Salud Las semillas de hinojo favorecen la buena función digestiva y reducen la sensación de estómago hinchado.

Deporte El halloumi es una fuente fenomenal de proteína vegetariana para ayudar a la síntesis de proteína muscular.

2 RACIONES

- 100 g de macarrones integrales
- un manojito de perejil
- 2 anchoas, escurridas
- 2 cucharaditas de alcaparras, escurridas
- ½ cucharadita de vinagre de vino blanco
- 2 cucharaditas de aceite de oliva virgen extra
- 80 g de tomates cherry, en cuartos
- 25 g de aceitunas negras sin hueso, troceadas
- 15 g de parmesano, en virutas hechas con un pelador de verduras
- ½ cucharadita de semillas de hinojo
- ralladura fina de ½ limón
- 25 g de rúcula
- 200 g de halloumi bajo en grasa

Cueza la pasta en una olla grande con agua hirviendo hasta que esté al punto, a su gusto. Escurra, enfríe bajo un chorro de agua fría y reserve.

Mientras, en el vaso de la batidora, triture el perejil, las anchoas, las alcaparras, el vinagre y el aceite de oliva hasta obtener una pasta: esto es la salsa verde.

En un bol grande, mezcle los tomates, las aceitunas, la mitad de las virutas de parmesano, las semillas de hinojo, la ralladura de limón y la rúcula. Añada la pasta y la mitad de la salsa verde y remueva con cuidado para mezclarlo todo bien.

Corte el halloumi en 12 trozos y cocínelos en una sartén caliente a fuego fuerte por ambos lados, hasta que se doren.

Reparta la ensalada de pasta en 2 boles y ponga encima de cada uno la mitad del halloumi y el resto del parmesano, deje la salsa verde restante para compartir.

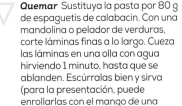

Quemar Sustituya la pasta por 80 g de espaguetis de calabacín. Con una mandolina o pelador de verduras, corte láminas finas a lo largo. Cueza las láminas en una olla con agua hirviendo 1 minuto, hasta que se ablanden. Escúrralas bien y sirva (para la presentación, puede enrollarlas con el mango de una cuchara de madera si lo desea).

Desarrollar Aumente la cantidad de pasta a 80 g por ración.

Estofado de kimchi

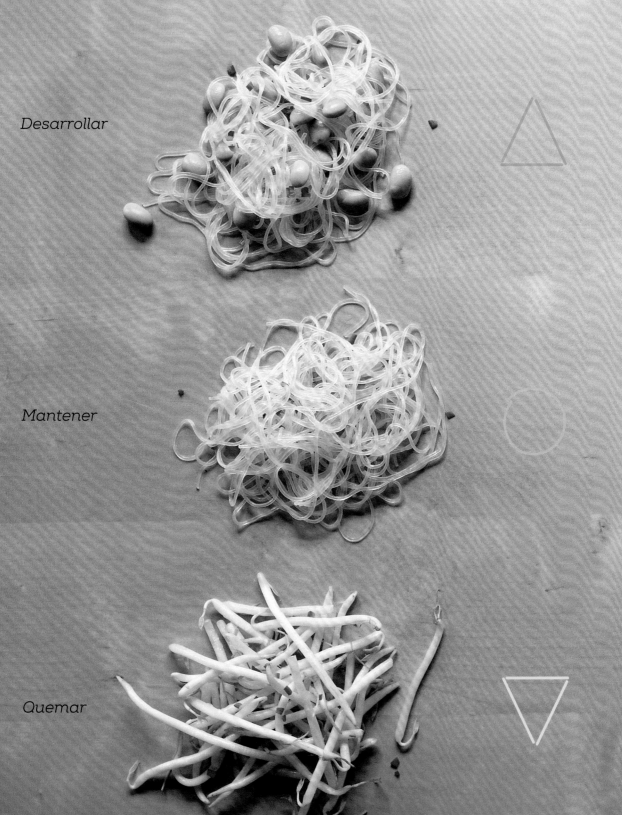

Desarrollar

Mantener

Quemar

Estofado de kimchi

Déjese llevar hasta Asia con este plato fresco y aromático de estilo coreano que seducirá a sus papilas gustativas.

Consejo Si no le gusta el tofu, mezcle unas tiras de pechuga de pollo con pasta coreana y fríalas antes de añadirlas al estofado al final.

Salud El tofu sedoso de este plato aporta una buena cantidad de proteína vegana a los que no comen carne.

2 RACIONES

PARA EL JUGO DE LA MARINADA:

550 ml de jugo para marinar kimchi

200 ml de vinagre de vino blanco

20 g de sirope de agave

2 g de cilantro, picado

½ cucharadita de pasta coreana de pimiento picante

150 ml de agua

PARA EL ESTOFADO:

70 g de col picuda troceada

1 zanahoria, en rodajas finas

1 calabacín pequeño, en rodajas finas

90 g de rábano japonés, en rodajas finas

80 g de tofu sedoso

1 cucharada de aceite vegetal

½ cucharadita de pasta coreana de pimiento picante

5 g de caldo vegetal ecológico (½ cubito o 1 ½ cucharaditas en polvo)

300 ml de agua

1 cucharadita de salsa tamari

2 cucharadas de kuzu

1 cucharadita de pasta de ajo asado (véase la p. 106)

sal marina y pimienta negra recién molida

300 g de fideos de arroz cocidos

Mezcle los ingredientes de la marinada en un cuenco grande y añada la col, la zanahoria, el calabacín y el rábano japonés. Déjelo una hora, luego escúrralo.

Mientras, lleve a ebullición una olla grande con agua y sal, añada con cuidado el tofu y deje cocer suavemente 4 minutos hasta que quede algo firme e hinchado. Con una espumadera, pase el tofu a un bol y reserve.

Caliente el aceite en una cacerola grande, añada la pasta coreana y deje cocer 2 minutos. Agregue el caldo vegetal y el agua y lleve a ebullición. Baje la potencia del fuego y deje cocer 30 minutos, luego añada el tofu, las verduras marinadas, la salsa tamari, el kuzu y la pasta de ajo, y condimente al gusto, con tamari o salsa de soja.

Para servir, reparta los fideos de arroz en 2 cuencos y vierta encima el estofado.

Quemar Sustituya los fideos de arroz por 150 g de brotes de soja por ración.

Desarrollar Añada 30 g de habas de soja por ración a los fideos de arroz.

Canelones de calabaza con verduras asadas

De herencia clásica italiana, este plato vegetariano no precisa de carne para destacar su sabor. Va acompañado de una vibrante salsa de espinacas y albahaca que le suma atractivo.

Consejo Si sirve el plato a sus invitados, prepare los canelones con antelación y consérvelos en un recipiente hermético; solo tardan unos minutos en calentarse en el microondas o el horno.

Deporte Aporta una buena cantidad de calcio, bueno para mantener la salud y la densidad ósea: un aspecto importante para los deportistas que compiten en actividades que no implican levantamiento de peso.

2 RACIONES

PARA LOS CANELONES:

130 g de calabaza alargada o redonda, en dados

160 g de queso para untar bajo en grasa

¼ de cucharadita de hojas de tomillo limonero

sal marina y pimienta negra recién molida

4 láminas de lasaña al huevo frescas

PARA LAS VERDURAS ASADAS:

½ cebolla pequeña, en dados

100 g de minimazorcas de maíz, en rodajas

180 g de tomates cherry o pera pequeños

50 g de aceitunas negras, sin hueso

1 cucharadita de aceite vegetal

PARA LA SALSA:

120 ml de agua

1 ½ cucharaditas de harina de maíz

2,5 g de caldo vegetal ecológico (½ de cubito o ¾ de cucharadita en polvo)

150 g de espinacas

15 g de albahaca

sal marina

Ponga la calabaza en una olla grande con varios litros de agua y lleve a ebullición. Deje cocer hasta que quede tierna pero sin deshacerse. Cuele y vuelva a ponerla en la olla. Luego agregue el queso para untar y el tomillo, y condimente al gusto.

Precaliente el horno a 220 °C / gas potencia 7, y necesitará una bandeja de horno.

Precaliente una vaporera eléctrica o utilice un cesto para cocer al vapor y una olla con agua hirviendo. Ponga una placa de lasaña en la vaporera y cuézala 2 minutos hasta que se ablande ligeramente. Retire de la vaporera y póngala sobre una tabla de cortar. Disponga una cuarta parte de la mezcla de calabaza y queso a lo largo del borde más corto (téngalo más cerca para facilitar la tarea de enrollar el canelón). Enrolle la lámina para formar un tubo con la mezcla en su interior, sobreponiéndose en doble capa 2,5-3 cm y corte el sobrante. Repita la operación con el resto de láminas de lasaña.

Mientras, ponga la cebolla, el maíz, los tomates y las aceitunas en una bandeja de horno, rocíe con el aceite y áselos en el horno 8-10 minutos. Ahora coloque los canelones en la vaporera y cueza al vapor 6-8 minutos.

Mientras, en una taza, mezcle un poco del agua con la harina de maíz para formar una pasta, luego incorpore el resto del agua. Agregue esta mezcla al caldo vegetal, viértalo en una olla con tapa y lleve a ebullición. Cuando hierva, añada las espinacas y la albahaca y remueva. Tape y lleve de nuevo a ebullición para ablandar las espinacas. Pase el contenido de la olla al vaso de la batidora y triture hasta obtener una pasta homogénea. Entonces, vuelva a poner la pasta en la olla y añada un poco de sal al gusto, luego caliente de nuevo y sirva. Para emplatar, ponga 2 canelones y la mitad de las verduras asadas en cada plato, luego vierta la salsa caliente por encima y sirva inmediatamente.

Quemar Prepare el relleno como indica la receta pero utilice berenjenas en lugar de placas de lasaña. Ase 4 berenjenas blancas 20 minutos a 170 °C / gas potencia 3 y corte la parte superior, vacíelas y rellénelas con la mezcla. Vuelva a meterlas en el horno 15-20 minutos hasta que estén muy calientes.

Desarrollar Sirva la receta con 2 rebanadas de pan de cereales con mantequilla y ajo que aportan más carbohidratos (pero no se pase con la mantequilla). Para preparar el pan, precaliente el horno a 220 °C / gas potencia 7. Corte una baguete de cereales en diagonal (unos 2 cm para la cantidad deseada. Mezcle 1 cucharadita de mantequilla lista para untar ligera con ¼ de cucharadita de pasta de ajo asado (véase la p. 106) o con ¼ de diente de ajo picado fino y una pizca de perejil picado. Extienda sobre cada rebanada y hornee en una bandeja 5-6 minutos.

ZUMOS Y BATIDOS

Zumo para limpiar

El suave sabor anisado del hinojo y el dulzor de la manzana y la mandarina crean una bebida refrescante. El cilantro compensa los tonos amargos y redondea este cóctel desintoxicante.

Salud Muchas personas toman aloe vera para facilitar la digestión pero también es ideal para favorecer la inmunidad y limpiar y mejorar el aspecto y la salud de la piel.

Consejo Puede sustituir las semillas de cilantro por un puñado de menta estimulante si le apetece.

2 RACIONES

1 bulbo de hinojo

2 mandarinas, sin piel

2 manzanas Granny Smith, sin corazón

25 ml de zumo de aloe vera

10 semillas de cilantro, machacadas

Simplemente, ponga todos los ingredientes en la licuadora. Es mejor tomar este zumo enseguida, pero se conserva 24 horas en el frigorífico.

Batido de coco al cacao

Los electrolitos del agua de coco la hacen una de las mejores maneras de rehidratarse y en este batido se combina con plátanos y cacao, ¿cómo no va a gustar?

Salud La teobromina es un compuesto estimulante no adictivo del cacao puro; hay estudios que indican que puede tratar la depresión.

Deporte Estos batidos contienen al menos 25 g de proteína, de modo que son ideales para maximizar la síntesis proteica.

2 RACIONES
- 200 ml de agua de coco
- 150 ml de leche de anacardos
- 1 plátano, triturado
- 14 g de cacao crudo en polvo
- 6 g de cacao en polvo
- 60 g de proteína de suero de leche sin sabor

Simplemente, ponga todos los ingredientes en la batidora y triture bien. Es mejor tomar este batido enseguida, pero se conserva 24 horas en el frigorífico.

Batido de coco con piña

Este nutritivo y superhidratante batido a base de agua de coco captura todos los sabores de un cóctel tomado en la playa, pero solo aporta beneficios.

Salud La piña es una fuente de manganeso: un factor esencial en la producción de energía y una defensa antioxidante.

Deporte Las bebidas de coco son más ricas en calorías que otros zumos, tómelas cuando necesite ingerir calorías.

2 RACIONES
- 150 ml de leche de coco
- 120 ml de agua de coco
- 1 plátano pequeño, triturado
- 100 ml de zumo de piña
- 60 g de proteína de suero de leche sin sabor

Simplemente, ponga todos los ingredientes en la batidora y triture bien. Es mejor tomar este batido enseguida, pero se conserva 24 horas en el frigorífico.

Batido de coco con verduras alcalinas

Esta bebida es rápida y fácil de preparar y sabe fenomenal. Este batido aporta proteínas, hierro, fibra dietética y electrolitos para la rehidratación.

Salud La espirulina (un polvo de alga natural) es rica en aminoácidos, que mantienen los músculos sanos.

Deporte Esta bebida, que combina proteína y electrolitos, cubre todas las necesidades del organismo tras del entreno.

2 RACIONES
- 100 ml de leche de coco
- 110 ml de agua de coco
- 1 plátano pequeño, triturado
- ½ manzana
- 1 cucharada de zumo de limón
- ½ cucharadita de jengibre rallado
- 2 cucharaditas de espirulina
- 35 g de lichis
- 60 g de proteína de suero de leche sin sabor
- 40 g de espinacas

Simplemente, ponga todos los ingredientes en la batidora y triture bien. Es mejor tomar este batido enseguida, pero se conserva 24 horas en el frigorífico.

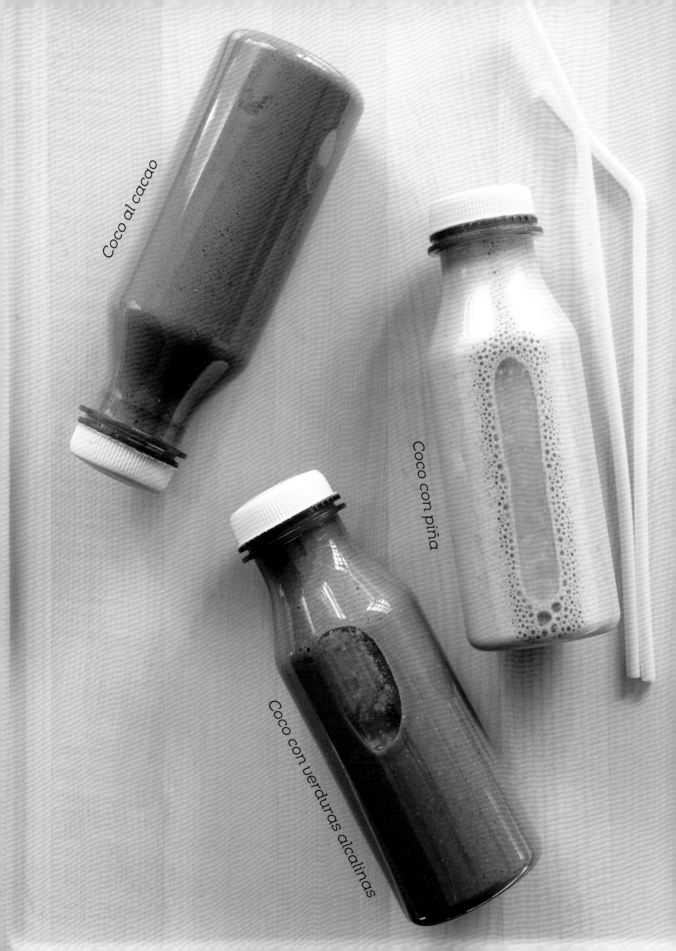

Coco al cacao

Coco con piña

Coco con verduras alcalinas

Remolacha para el ánimo

Empiece el día con este refrescante combinado de remolacha lleno de energía. La remolacha aporta un sabor a tierra que se complementa con el dulzor de la manzana. Cuando se combinan con los arándanos, se consigue un asombroso color además de un montón de vitaminas, antioxidantes y fibra dietética.

Salud La remolacha es muy buena para la salud: es rica en potasio y fibra y es una gran fuente de vitamina C.

Deporte Las sustancias químicas de la remolacha ayudan al aprovechamiento del oxígeno, de modo que lo notará en su próxima sesión de entreno.

2 RACIONES

300 g de remolacha cruda

300 g de arándanos (utilice grosellas negras cuando sea temporada)

3 manzanas Granny Smith, sin corazón

Simplemente, ponga todos los ingredientes en la licuadora. Es mejor tomar este zumo enseguida, pero se conserva 24 horas en el frigorífico.

Vaya bayas

Las bayas de color intenso empleadas en este batido muestran que no solo sabe fenomenal sino que además está lleno de antioxidantes, especialmente procedentes de las uvas negras, que poseen el mejor perfil nutritivo de todas las uvas.

Salud Se ha demostrado que el bajo IG de las uvas, cuando se consumen regularmente, proporciona un mejor equilibrio de azúcar en sangre y una mejor regulación de la insulina.

Deporte El yogur del batido aporta una fuente de proteína y grasa. Si necesita rebajar el consumo de grasas, utilice yogur griego bajo en grasa.

2 RACIONES
- 150 g de uvas negras
- 75 g de arándanos
- 75 g de moras
- 50 g de yogur griego
- 100 ml de zumo de manzana

Simplemente, ponga todos los ingredientes en la batidora y triture bien. Es mejor tomar este batido enseguida, pero se conserva 24 horas en el frigorífico.

Batido para arrancar

Este zumo con base cítrica es rico en betacaroteno y vitamina C, que potencia el sistema inmunitario: el antídoto perfecto si nota que va a pillar un resfriado.

Salud El amargor de este zumo indica que es de digestión alcalina, lo cual es ideal para equilibrar la dieta occidental, típicamente ácida.

Deporte Los chiles rojos reducen el colesterol de la sangre y el nivel de triglicéridos (otras grasas de la sangre), lo cual favorece la buena salud del sistema cardiovascular.

2 RACIONES
- 2 naranjas sanguinas
- 420 g de zanahorias, peladas
- ¼ de azamboa
- un dado de 1,5 cm de jengibre
- ½ chile rojo pequeño

Simplemente, ponga todos los ingredientes en la batidora y triture bien. Es mejor tomar este batido enseguida, pero se conserva 24 horas en el frigorífico.

Reponedor

Probablemente el más refrescante de los zumos y batidos, esta bebida colmada de vitaminas es ideal para ayudar a equilibrar una dieta baja en calorías.

Salud Con más vitamina C que una naranja, el kiwi es rico en toda clase de fitonutrientes beneficiosos.

Deporte La espirulina es una fuente vegana fantástica en proteínas: añada más si le gusta su sabor para cargar más el batido de proteínas.

2 RACIONES

- 2 manzanas Granny Smith, sin corazón
- 2 kiwis, pelados
- 160 g de pepino
- zumo de 1 lima
- 4 g de hojas de menta
- 2 cucharaditas de espirulina
- 200 ml de zumo de manzana

Simplemente, ponga todos los ingredientes en la batidora y triture bien. Es mejor tomar este batido enseguida, pero se conserva 24 horas en el frigorífico.

Vaya bayas   Batido para arrancar   Reponedor

Remolacha para el corazón

Este zumo de color vivo es bueno para el corazón. Las hortalizas rojas y moradas contienen antioxidantes como las antocianinas y el licopeno, que ayudan a combatir las enfermedades cardiacas.

Consejo Llévese el batido al trabajo en un termo para tomarlo a media mañana o a media tarde. Agítelo bien antes de beberlo.

Deporte Los nitratos dietéticos reducen el «coste energético del ejercicio», lo cual permite más potencia con el mismo consumo de oxígeno: se obtiene más energía y mejor rendimiento cuando se entrena.

2 RACIONES

150 g de remolacha, medio pelada

360 g de peras

120 g de albaricoques o ciruelas (depende de la estación), sin hueso

35 semillas de granada

Simplemente, ponga todos los ingredientes en la licuadora. Es mejor tomar este zumo enseguida, pero se conserva 24 horas en el frigorífico.

Zumo para deslumbrar

Este es un tónico comestible que nutre la piel y el cabello desde el interior. Aproveche el poder del pepino: contiene un 96 por ciento de agua, por lo que es ideal para licuarlo. El jengibre posee propiedades antisépticas y puede ayudar a mantener la piel limpia y sin impurezas. ¡Deslumbre!

Salud Las manzanas están cargadas de betacaroteno y la piel es particularmente rica en polifenoles. Ambos ofrecen protección antioxidante y antiinflamatoria que retrasan el envejecimiento de la piel.

Deporte Los niveles de vitamina K de este zumo ayudan a potenciar la densidad ósea y favorecen la salud ósea en general, especialmente importante para quienes practican deportes de elevado impacto repetitivo.

2 RACIONES

100 g de apio, los tallos cortados por la mitad

3 manzanas Granny Smith, sin corazón

100 g de pepino

1 limón, pelado

un trozo de jengibre del tamaño del pulgar, pelado

Simplemente, ponga todos los ingredientes en la licuadora. Es mejor tomar este zumo enseguida, pero se conserva 24 horas en el frigorífico.

Radiante

Resplandezca desde el interior con este colorido batido perfecto para el desayuno. El aguacate le aporta cremosidad y suavidad pero además añade grasas saludables necesarias. La piña ofrece un sabor tropical y la menta proporciona frescor.

Salud Además de los nutrientes vegetales, los aguacates aportan la combinación adecuada de grasas dietéticas, incluido el ácido oleico, un ácido graso monoinsaturado.

Consejo Si el batido le resulta demasiado espeso, añádale un poco de agua fría.

2 RACIONES

1 aguacate

¼ de piña

4 hojas de menta

zumo de ½ lima

2 manzanas Granny Smith, sin corazón

Simplemente, ponga todos los ingredientes en la batidora y triture bien. Es mejor tomar este batido enseguida, pero se conserva 24 horas en el frigorífico.

Estimulante

La mezcla de apio y pomelo puede sonar poco habitual, pero ambos tienen puntos en común en sus perfiles gustativos que configuran una combinación de fantástico sabor beneficiosa para la salud y la vitalidad.

Salud Los fitonutrientes llamados limonoides del pomelo pueden evitar el cáncer. Promueven la formación de una enzima desintoxicante que ayuda al organismo a excretar mejor los compuestos tóxicos.

Deporte La vitamina C favorece el sistema inmunitarios y facilita el crecimiento y reparación de los tejidos de todo el organismo. Si entrena intensamente, asegúrese de mantener los niveles de vitamina C.

2 RACIONES

420 g de zanahorias, peladas
2 ramas de apio
1 pomelo

Simplemente, ponga todos los ingredientes en la licuadora. Es mejor tomar este zumo enseguida, pero se conserva 24 horas en el frigorífico. Utilice la pulpa para preparar las Galletas de zanahoria y alcaravea de la página 106.

Vivificante

Tome este zumo como ponche veraniego: sírvalo en un vaso largo con hielo, siéntese y relájese mientras la bebida hace maravillas en su salud y en sus niveles de energía.

Salud Las nectarinas contienen luteína, que ayuda a conservar la salud de los ojos y la piel. Pero es además un antioxidante importante que ayuda a destruir los peligrosos radicales libres del organismo.

Deporte Un nivel bajo de potasio puede provocar problemas cardiovasculares y calambres musculares, de modo que conviene saber que el maracuyá aporta una buena cantidad de potasio. ¡Se acabaron los calambres!

2 RACIONES

300 g de fresas
400 g de tomates
2 maracuyás
4 nectarinas

Simplemente, ponga todos los ingredientes en la licuadora. Es mejor tomar este zumo enseguida, pero se conserva 24 horas en el frigorífico.

Revitalizante

Este batido dulce con frutos secos está diseñado para aglutinar las calorías adicionales necesarias para recuperarse después del entreno o para fomentar el crecimiento muscular. Estamos seguros de que Elvis Presley daría su visto bueno, pues tenía debilidad por los bocadillos de plátano y mantequilla de cacahuete.

Salud Además de su contenido en grasas monoinsaturadas, los cacahuetes proporcionan muchos otros nutrientes cardiosaludables: vitamina E, niacina, folatos, proteína y manganeso.

Consejo Prepare este batido antes de entrenar y téngalo a mano como trago útil pqara una rápida recuperación. Añada una cucharada de proteína de suero de leche para aumentar el contenido proteico, si lo desea.

2 RACIONES

2 plátanos
50 g de cacahuetes sin sal
¼ de cucharadita de nuez moscada molida
2 cucharaditas de miel
350 ml de leche desnatada

Simplemente, ponga todos los ingredientes en la batidora y triture bien. Es mejor tomar este batido enseguida, pero se conserva 24 horas en el frigorífico.

Índice

Agradecimientos

Son numerosas las personas a las que querría agradecer la oportunidad de crear este libro, además de ayudar para conseguir sacarlo a la luz y convertirlo en una realidad. En primer lugar, a mis padres por su apoyo continuado, y a mi madre por ser tan mala cocinera, lo que realmente me motivó de jovencito para ser más creativo en la cocina.

Tracey Woodward es la mejor hada madrina que se pueda tener. Las puertas que me has abierto y la ayuda que me has proporcionado estos años es algo por lo que te estaré siempre agradecido.

Me gustaría dar las gracias al equipo de Soulmatefood, especialmente a Miles Ridley, por su espíritu innovador, a Tom por su validación y sabiduría, y a Tina y Duncan por mantenerlo todo en pie.

Gracias a Mark Ellison por las fantásticas oportunidades y a todos los componentes de Virgin por construir un equipo tan robusto.

Para terminar, deseo agradecer a Jacqui, Fritha, Nikki, Lawrence, Cynthia y Yuki su paciencia y apoyo, y quiero darles las gracias por ser unos colaboradores maravillosos.